德州扑克 Tom Dwan 经典牌例解析

张烁 刘立奥 著

电子工业出版社
Publishing House of Electronics Industry
北京·BEIJING

未经许可,不得以任何方式复制或抄袭本书之部分或全部内容。
版权所有,侵权必究。

图书在版编目(CIP)数据

德州扑克 Tom Dwan 经典牌例解析 / 张烁,刘立奥著.
北京 : 电子工业出版社 , 2025.6. -- ISBN 978-7-121-50279-8

Ⅰ . G892.1

中国国家版本馆 CIP 数据核字第 20255GM834 号

责任编辑:王陶然

| 印 | 刷: | 三河市兴达印务有限公司 |
| 装 | 订: | 三河市兴达印务有限公司 |

出版发行:电子工业出版社
            北京市海淀区万寿路 173 信箱 邮编:100036
开 本:880×1230 1/32 印张:5.5 字数:119 千字
版 次:2025 年 6 月第 1 版
印 次:2025 年 6 月第 1 次印刷
定 价:69.00 元

凡所购买电子工业出版社图书有缺损问题,请向购买书店调换。若书店售缺,请与本社发行部联系,联系及邮购电话:(010)88254888,88258888。

质量投诉请发邮件至 zlts@phei.com.cn,盗版侵权举报请发邮件至 dbqq@phei.com.cn。

本书咨询联系方式:(010)68161512,meidipub@phei.com.cn。

前　言

2009年，扑克名人堂突然推出了一项新的规则："入选者必须年满40周岁。"这一规则的制定普遍被认为是针对一位充满争议的选手——他30岁不到就名满天下，却始终在被认为重要的扑克比赛，如WSOP（世界扑克系列赛）、WPT（世界扑克巡回赛）等赛事中拿不到令人信服的成绩；他在线上高额桌拿到过上千万美元的奖金，但其实力依然难以被高额桌的顶级玩家们认可。由于其超高的人气，每次扑克名人堂的评比中他都名列前茅，这让企图兼顾商业价值和公信力的评委会头疼不已，最终不得已出台了这项"40岁"规则作为"缓兵之计"，而这个令人头疼不已的选手就是扑克圈的流量之王，一出道就站在聚光灯下，在扑克热搜榜上15年屹立不倒的扑克传奇人物Tom "durrrr" Dwan。

和所有体育竞技项目英雄出少年的故事一样，Tom Dwan在17岁的年纪就开始了自己的扑克生涯。据他自己回忆，他的职业生涯是2004年在天堂扑克网站预存一笔50美元时开启的。当年，17岁的Tom Dwan用这笔钱的2/3去打买入（指参赛的入场费）为6美元的SNG（单桌锦标赛），并很快在7进7出之后就输光了全部买入。但

德州扑克 Tom Dwan 经典牌例解析

Tom Dwan 并没有气馁，经过一个月的钻研，他很快就重新开始战斗，并且在一周之内将账户上仅剩的 15 美元提升到了 300 美元，而这也成为 Tom Dwan 在线上现金桌最初的启动资金。随后，他凭借其难以置信的天赋，不可思议地在几年内把资金累积到几百万美元。这段经历在电视直播和互联网的发酵下，也成为扑克圈家喻户晓的一个传说。

第一章 "durrrr"的传说与全速扑克的黄金时代 ········· 001

Tom Dwan 对战 Martonas "平平无奇"的鼻血级对战 ······ 004

横空出世的"durrrr" ··································· 008

签约全速扑克 ··· 011

"Durrrr 百万美元挑战赛"与"黑色星期五" ············ 015

第二章 电视直播上的神迹 ······························ 023

Tom Dwan 对战 Phil lvey ······························ 028

Tom Dwan 对战 Patrik Antonius ······················ 039

Tom Dwan 对战 Eli Elezra 不可思议的"缠打" ········ 044

Tom Dwan 对战 Phil Laak 5 倍底池的诈唬 ············ 049

Tom Dwan 对战 Bob Safai 精明的语言试探 ············ 054

多人底池的经典诈唬 ·································· 057

Tom Dwan 对战 Eastgate 准确的反主动下注 ·········· 061

Tom Dwan 对战 Dennis Phillips 标准的阻挡式下注 ···· 064

Tom Dwan 对战 George Sammy 27o 的疯狂诈唬 ······· 067

Tom Dwan 对战 Daniel Negreanu ·················· 071

Tom Dwan 对战 Doyle Brunson　不可思议的抓鸡 ·········· 075

第三章　Tom Dwan 去哪儿了 ················· 081

消失的 Tom Dwan ····························· 082

Tom Dwan 对战 Wesley　利用马脚的极限抓诈 ·········· 084

Tom Dwan 对战 Stanley Tang ····················· 088

又见 27o 诈唬 ······························· 094

Tom Dwan 对战 Elton Tsang ····················· 098

Tom Dwan 再战 Doyle Brunson　熟悉的剧本，不一样的剧情 ··· 100

Tom Dwan 对战 Phil Hellmuth　10 年后的相会 ·········· 103

Tom Dwan 对战 Garrett Adelstein ·················· 109

Tom Dwan 对战 Doug Polk ······················ 115

Tom Dwan 对战 Jake Daniels ····················· 123

Tom Dwan 对战 Bellande ······················· 126

Tom Dwan 对战 Salomon ······················· 128

Tom Dwan 对战 Brandon Steven ··················· 134

Tom Dwan 对战 Peter　冤家路窄 ·················· 137

  Tom Dwan 对战 Leonard Adams　9 高牌跟注的极限抓诈 ……… 139

  亮相传奇百万慈善赛 …………………………………………… 142

  依旧没能如愿的 WSOP 之战 …………………………………… 145

第四章　扑朔迷离的经历 ……………………………………… 149

  Tom Dwan 破产了吗 ……………………………………………… 150

  Tom Dwan 个人简介 ……………………………………………… 156

  主要成就 …………………………………………………………… 156

  生意与代言 ………………………………………………………… 159

  兴趣爱好和个人生活 ……………………………………………… 159

结　语 ………………………………………………………………… 161

附录 A　德州扑克常见术语 ……………………………………… 163

第一章

『durrrr』的传说与全速扑克的黄金时代

德州扑克 Tom Dwan 经典牌例解析

早期的 Tom Dwan 和很多新接触扑克的玩家一样，并没有特别专注于某一类扑克游戏，从无限注德州扑克到奥马哈（一种与德州扑克规则相近的扑克游戏），从常规桌到 SNG 再到 MTT（多桌锦标赛），他都有所涉及。

Tom Dwan 在线上现金桌的起步可谓顺风顺水，他拿着预存的 50 美元在第一天就赢下了 100 美元。不到一年的时间，Tom Dwan 就升级到 600 美元买入的级别，在 18 岁高中毕业时，他的扑克账户里已经有了 15 000 美元。随后在大学的第一年，Tom Dwan 学习与玩扑克两不误。在大一结束时，他不仅各门功课拿到了全 A，并且扑克账户上的盈利也达到了 6 万美元。

于是乎，在大二的暑假，20 岁的 Tom Dwan 做出了一个大胆的决定——退学，开始全身心投入线上 400 美元买入的扑克游戏。为此，他还在得克萨斯州专门买了一套房子作为工作室，与他的小伙伴们一起夜以继日地研究扑克与扑克高手，其中就包括后来线上最大扑克培训网站的创始人，被誉为世界上最好的奥马哈玩家之一的 Phil Galfond。

在 2007 年年底的时候，Tom Dwan 拿到他第一笔 6 位数的奖金。他在这年的世界扑克总决赛中获得第四名，奖金 324 万美元，名次排在他前面的 3 个人分别是 Michael Vela、Nick Schulman，还有 Nenad Medic。

但在当时，并没有多少人关注到这个满脸青涩的大男孩，此时的他依然还是个默默无闻的扑克少年，直到不久后，一个名为

第一章 "durrrr"的传说与全速扑克的黄金时代

"durrrr"的 ID 开始在全速扑克（Full Tilt Poker）最高额的"鼻血级"游戏中大杀四方。

全速扑克是 21 世纪初全球范围内最大的线上扑克室，巅峰时期注册用户量超过百万人。也正是由于全速扑克这类线上扑克平台的出现，让越来越多的德州扑克玩家意识到，打扑克也可以像其他竞技体育运动一样养家糊口，并且开始把德州扑克当成一种职业，而不是单纯的茶余饭后的一种消遣。同时，由于以全速扑克为代表的线上扑克室的发展，大量线上平台将扑克玩家的游戏行为数据化，从而让德州扑克正式进入一种可以大规模"量化研究"的阶段，这也为后来扑克进入 GTO（Game Theory Optimal，博弈理论最优）时代奠定了基础，可以说，如果没有全速扑克，德州扑克不会变成今天这个样子。

全速扑克游戏界面

至于"durrrr"这个ID的由来，Tom Dwan回忆说是因为他认为这个名字的发音会自然地激怒对手。当他从他们那里赢钱时，"durrrr"这个名字肯定会让他们感到愤怒，进而做出更多非理性的行为。从结果上看，的确有很多选手在对阵Tom Dwan的时候做出了很多"上头"的选择，但这大概率来自Tom Dwan激进而难以琢磨的扑克风格，而非"durrrr"这个ID的发音。

下面我们来看一手当年Tom Dwan在线上的经典牌例，你就会明白为什么这个ID会让那么多人那么"上头"。

Tom Dwan对战Martonas "平平无奇"的鼻血级对战

这是发生在全速扑克的一场常规桌无限注德州扑克游戏。

牌局进程

翻牌前：盲注级别500/1 000美元，桌上一共有5位玩家，Cole South在枪口位+1位开池加注到3 000美元，Patrik Antonius在庄位弃牌，小盲位的Martonas 3Bet到12 000美元，Tom Dwan在大盲位拿着5♠4♠选择4Bet到35 600美元，South弃牌，Martonas跟注。底池达到74 200美元，有效筹码还剩大概265 000美元。

翻牌：K♥ 3♠ 2♦

两位玩家过牌。

转牌：4♦

Martonas 领先下注 78 000 美元，Tom Dwan 跟注，底池 230 200 美元，有效筹码剩 187 000 美元。

河牌：6♣

Martonas 全下，Tom Dwan 用他在河牌中的顺子跟注，拿下这个 604 000 美元的底池。

牌局分析

这是当年线上高额桌一手普通的手牌，我们可以从中了解到为什么直到今日很多玩家依然怀念当年线上高额桌的比赛。线上高额桌的厮杀之所以被媒体称作"鼻血级"的游戏，不仅仅是盲注金额很高（如今的亚洲现场扑克比赛奖金额已经远远超过当年的线上扑克比赛），更重要的是几乎所有当年参与高额桌的常客玩家都非常激进，同时也非常狡猾，就像这手牌所展现的一样。

Tom Dwan 在大盲位用 5♠ 4♠ 这种投机牌 4Bet，在解算器已经大面积普及的今天，虽然玩家普遍更为激进，但手牌范围比起当年的高额桌更为同质化，大部分玩家会选择阻挡效用更好的手牌，例如 A5s，而不是用 54s 来 4Bet 诈唬。而在那个大部分玩家只用 AA、KK、AK 这种怪兽牌 4Bet 的年代，这种操作虽然在今天看来并不科学，但在当时确实令人耳目一新，并且往往能收到奇效。

对手 Martonas 显然也非泛泛之辈，无论是在 10 年前还是在今天，拿着 KK 在不利位置面对 4Bet，标准的做法都是 5Bet 或全下。但显然 Martonas 发现了 Tom Dwan 4Bet 范围的异常，面对 Tom Dwan 如此极化的 4Bet 范围，如果 Martonas 此时用 KK 全下，只能迫使 Tom Dwan 范围内的同花连张弃牌而留下 AA、AKs 这类怪兽牌。尽管处于不利位置，Martonas 依然选择用 KK 跟注，设下陷阱，期待 Tom Dwan 手中的一些诈唬组合在翻牌后继续诈唬。

翻牌对双方来说都是完美的，Martonas 中了暗三条，而 Tom Dwan 则中了两头顺听牌。由于自己的手牌阻挡了 Tom Dwan 大部分的价值范围，Martonas 选择过牌，期待 Tom Dwan 用手里的一些空气组合牌继续诈唬，因为无论是从翻牌前的范围还是从牌面结构来看，这都是个对 Tom Dwan 有利的牌面。按理说 Tom Dwan 很可能选择全范围持续下注，尤其是在没有击中对子的情况下，然而 Tom Dwan 却出乎意料地并没有选择持续下注，而是选择过牌，完美避开了对手设下的陷阱。

在前 GTO 时代，没有人知道一向激进、喜欢诈唬的 Tom Dwan 为什么此时选择过牌，但随着现代扑克理论的普及，人们开始逐渐理解权益实现对于这个游戏的重要性。显然，Tom Dwan 在这组对决中展示了领先于时代的对德州扑克的理解。根

第一章 "durrrr"的传说与全速扑克的黄金时代

据现代扑克理论，对比 54s，Tom Dwan 有很多更好的手牌组合可以用来诈唬，比如 A5s。一方面，A5s 可以阻挡对手一些跟注范围（如 AK）；另一方面，即使遇到对手加注，用 A5s 弃牌也不会损失太多的权益。如果在翻牌圈 Tom Dwan 用 54s 下注而遭到对手的加注，Tom Dwan 将不得不弃牌，放弃自己接近 30% 的底池权益，这种后果是灾难性的。在没有 Solver 解算器的前 GTO 时代，很难想象 Tom Dwan 是如何发现这一点的。

转牌 4♦ 对 Martonas 的牌力没什么影响。虽然转牌出现后，他的牌不再是坚果牌（因为如果 Tom Dwan 拿到 65，那才是坚果牌），但 Tom Dwan 范围里的很多牌力比他差的牌应该都会为他的牌买单，因为他的牌力被掩藏得很好。Martonas 这时做了一个小小的超池下注，没人知道他选择这个不常见尺度的原因，也许仅仅是思维层级的博弈，但有趣的是这个尺度再次与现代 Solver 解算器的尺度不谋而合。不得不说，当年的高额桌真的是神仙打架。

Tom Dwan 没中顺子，不过却中了一对。如果对手真的在诈唬，他现在就是领先的。现在他的补牌变成了 13 张，所以他在转牌圈没有理由弃牌。由于对手的范围已经完全极化，不是有很大的牌，就是在诈唬，因此如果此时加注，只能让对手范围内的大牌跟注。显然，这不是一个很好的选择。

河牌居然是 6♣，果然是无巧不成书。虽然 Martonas 此时的牌已经不再是坚果牌，但落后的可能性依然不大。Martonas 选择了全下，毕竟 Tom Dwan 有可能有 AK、AA 或比他小的暗三对，会买单。遗憾的是，Tom Dwan 击中了顺子，赢下了这个 60 万美元的底池。

对 Martonas 来说，他的每一步操作从结果来看几乎都是正确的，翻牌前保留了 Tom Dwan 手中的权益很低的诈唬牌，转牌也拿到了 Tom Dwan 听牌足够的价值。河牌的全下也不是错招，因为即便过牌，Tom Dwan 如果全下，Martonas 也必然会跟注。

费尽心力，机关算尽，却输掉了所有筹码。也许系统确实会照顾那些更勇敢的人，但事实上，很难有人在这种情况下还能保持平常心。更致命的是，这是当年线上鼻血级的战斗中再平常不过的一手对决。那个年代"线上多开"的职业玩家，平均每天都要处理几十次这种充满诡计的牌，稍一不慎就会落入对手的陷阱。而在德州扑克里，玩家一旦"上头"，通常就意味着巨额的亏损，尤其是面对"durrrr"这种领先于时代的玩家。

横空出世的"durrrr"

从"durrrr"这个 ID 出现在全速扑克鼻血级的游戏开始，Tom Dwan 创下的第一条盈利曲线就令人震惊。Tom Dwan 在 2007 年的前 3 个月就迅速盈利 150 万美元，随后就经历了一个下风期。不过 Tom Dwan 重整旗鼓，在年底又重新获利 30 万美元。

第一章 "durrrr"的传说与全速扑克的黄金时代

Tom Dwan 2007 年的盈利曲线（横轴表示日期，纵轴表示盈利）

众所周知，2009 年前后是线上扑克的黄金时期，那一年也是全速扑克高额桌最红火的一年，级别达到 500/1 000 美元的游戏时时都有，底池破 50 万美元分分钟都在发生。Tom Dwan 也是在那一年登上了线上扑克的最高峰，他在全速扑克的高额桌总盈利一度累积到 531 万美元。

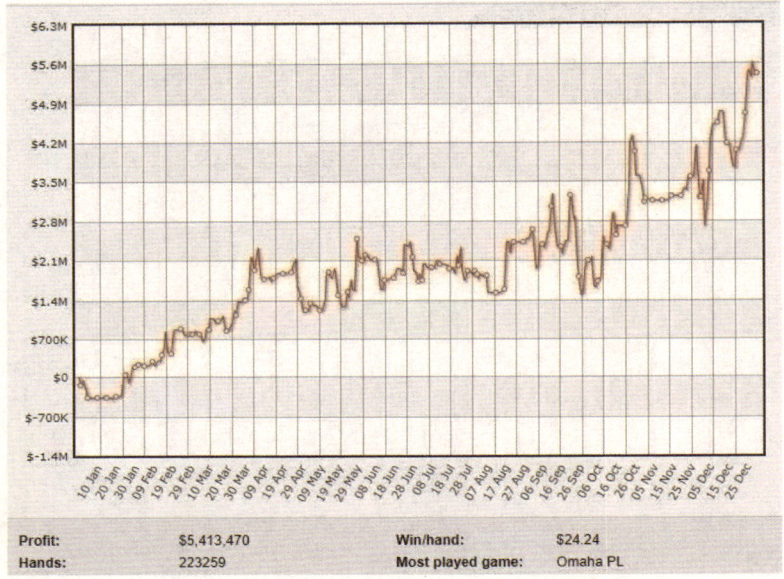

Tom Dwan 2009 年的盈利曲线（横轴表示日期，纵轴表示盈利）

在那一年的年底，Tom Dwan 分别在无限注德州扑克和底池限注奥马哈游戏中，拿下两个超大底池。对手 Di Dang、Ilkka Koskinen 及 Ilari Sahamies 在 2010 年新年伊始也遭到了世界最强者的沉重打击。

Tom Dwan 在后来的采访中曾经谈论过关于那一年线上扑克中自己疯狂的表现，他认为自己当年的技术并不够好，只是其他玩家的水平更为糟糕，他只领先其他人一丢丢，但这已经足够了。

签约全速扑克

由于在线上高额桌的疯狂表现,Tom Dwan 与当时世界上最大的线上扑克室全速扑克签约,成为一名真正意义上的职业牌手。为了庆祝签约,Tom Dwan 在全速扑克冠名的"Durrrr 百万美元挑战赛"中跟 3 位玩家大战一场。比赛还是在伦敦现场举办的,每位玩家带 250 000 美元上桌,Tom Dwan 在 500 手牌的单挑桌以微弱优势战胜 Ilari Sahamies,惜败 Marcello Marigliano。不过在击败 Sammy George 之后,他最终以 795 500 美元的盈利领先。

签约全速扑克所带来的巨额的赞助费让 Tom Dwan 如虎添翼,可以更从容地面对高额局比赛的动辄几百万美元的巨大下风期波动。从下图中,你能看到 Tom Dwan 在高额桌的盈利波动有多大!

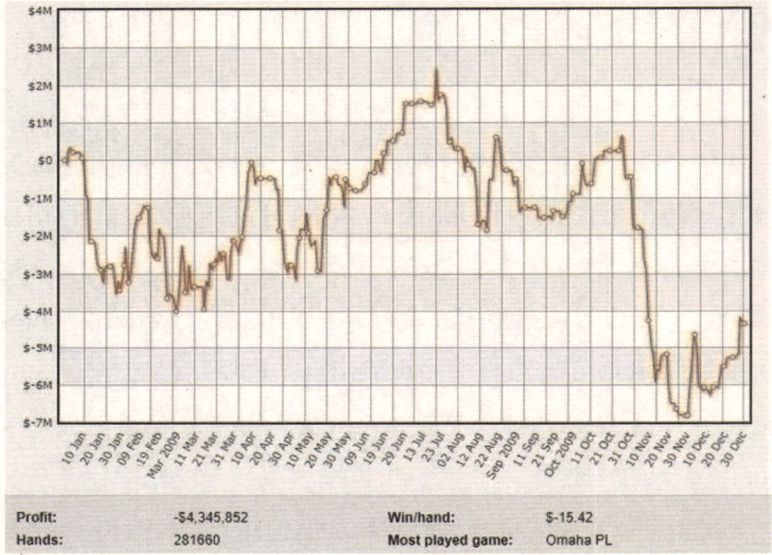

Tom Dwan 2009 年线上高额桌盈利的巨大波动（横轴表示日期，纵轴表示盈利）

  毫无疑问，2009 年是属于全速扑克和 Tom Dwan 的一年，但这并不意味着 Tom Dwan 的线上征程一帆风顺。其实从 2009 年年底，Tom Dwan 的运势开始出现下滑，在那个可怕的冬天，Tom Dwan 短短几天就输掉上百万美元。瓜分这些钱的人除了 Phil Ivey、Ilari Sahamies，还有新晋的匿名玩家 Isildur1（当然，后来我们都知道 Isildur1 就是 Viktor Blom，一个同样未满 18 岁的扑克天才）。Isildur1 在一次跟 Tom Dwan 玩 6 人线上高额桌时，一场就赢走了大约 500 万美元。

年轻的"摇摆王"Viktor Blom

2010年，Tom Dwan 继续保持强劲的势头，虽然这期间遭遇了一些失败，不过总的来看，Tom Dwan 在 2010 年线上高额桌的成绩依旧耀眼，全年下来 Tom Dwan 大概盈利 350 万美元。

Tom Dwan 2010 年的盈利曲线（横轴表示日期，纵轴表示盈利）

但是，2011 年 Tom Dwan 就没那么愉快了。他在头 3 个月就亏损 240 万美元，当然其中有一部分是来自他自己发起的"Durrrr 百万美元挑战赛"。

"Durrrr 百万美元挑战赛"与"黑色星期五"

随着 Tom Dwan 名气的日益提升，伴随而来的是巨大的争议。一些线上高额桌的玩家认为 Tom Dwan 不过是擅长对付那些容易"上头"的娱乐玩家，他的技术相对于真正的顶级玩家并没有明显优势。此时这个意气风发的少年显然无法容忍这种言论。2009 年年底，风头正盛的 Tom Dwan 在全速扑克上发起了一项挑战，即著名的"Durrrr 百万美元挑战赛"：盲注级别为 200/400 美元，他和对手双方需要打满 5 万手牌。对局结束后，如果对手获胜，哪怕只赢他 1 美元，他承诺向对手额外支付 150 万美元；如果对手输了，则对手只需要向他支付 50 万美元。

这种不对等的挑战制度显示了 Tom Dwan 对于自己技术的自信。此时他还不到 30 岁，但他在扑克上的盈利已经超越了很多老一辈的职业玩家整个生涯的收入，声誉在扑克界已经达到顶峰。虽然他也经历了一些波折，但显然他的扑克生涯正处在一个上风期的波峰之中。在某种程度上，这个年轻人有点飘了，命运的齿轮也在此刻开始朝着另一方向缓缓转动。

线上高额桌常客、扑克黄金时代的另一代表人物 Patrik Antonius 是第一个参与此挑战赛的玩家。这场比赛于 2009 年 2 月开始，但是其进程却异常缓慢，直到 2011 年 4 月线上扑克"黑色星期五"事发之时，比赛依然没有结束，还剩下 10 564 手没有打完。不过 Tom Dwan 已经取得压倒性优势，领先 200 多万美元，相当于 50 个标准买入。

但在这期间，一位神秘的挑战者 Isildur1 出现在全速扑克的高额桌，他与 Tom Dwan 进行了线上扑克史上迄今为止最激烈的对决，最终从 Tom Dwan 手中赢走 500 多万美元。或许是因为挑战赛这种事情对于 Isildur1 来说太过傲气，所以他并没有使用那 3∶1 赔率的挑战赛规则。

与此同时，在 2010 年，一个名为"jungleman12"（Daniel Cates）的 ID 在全速扑克火速崛起，并在单挑牌桌上势不可挡。有一天他上了 Tom Dwan 的单挑桌，或许是想借此机会来一试身手。不过开局 Daniel 并不顺利，Tom Dwan 一路领先，Daniel 差一点触及事先计划的 50 万美元止损线，但是在紧要关头他及时调整了策略，最终竟反败为胜。尽管 Tom Dwan 暂时落败，但是他可能认为自己依然占据优势，于是便邀请 Daniel 参加 Durrrr 百万美元挑战赛，这样便能锁定至少 5 万手的交战，而 Daniel 也很爽快地答应了。

第一章 "durrrr"的传说与全速扑克的黄金时代

jungleman12（Daniel Cates）

Tom Dwan 迎接 Daniel 挑战的比赛于 2010 年 8 月开始。自从比赛开始，Daniel 就明显占据上风，仅仅进行了 7000 手牌后，Daniel 的盈利就已经达到约 70 万美元。在经过了 19 335 手对决之后，Daniel 领先优势达到了 125 万美元。随后，比赛的进程开始放缓，Daniel 一直催促 Tom Dwan 尽快完成挑战，而 Tom Dwan 在签约全速扑克之后可能是因为日程繁忙，也可能是他想先结束与 Patrik 的挑战，或者是他想要多花一点时间破解 Daniel 的策略，总之似乎是 Tom Dwan 一直以各种理由拖延。当人们都认为 Daniel 即将踢馆成功之时，"黑色星期五"事件爆发了。

2011 年 4 月 15 日（星期五），美国 FBI（联邦调查局）突然封

德州扑克 Tom Dwan 经典牌例解析

禁了美国最大的两家线上扑克室——扑克之星（PokerStars）与全速扑克，原因是这两家扑克室的高层涉嫌侵占玩家的扑克资金。事件发生开始时，Tom Dwan 曾公开表示自己相信平台会返还玩家的大部分资金，但随着事件的发酵，Tom Dwan 也不再在社交平台上露面了。最后这两家扑克室不得不关闭在美国市场的业务，而全速扑克被扑克之星收购。没有人知道 Tom Dwan 在这次事件中损失的现金数额究竟是多少，但在"黑色星期五"之后，Tom Dwan 无限期推迟了与 Daniel 的对战，并在公众的视野中消失。

这一消失就是几年的时间。没有人知道 Tom Dwan 那几年到底在哪里，也没有人知道这场挑战是否还会继续。据说两人曾经私下订下协议，约定如果 Tom Dwan 或 Daniel 中途退出，退出的人将受到处罚，具体是什么处罚外界并不清楚，但多年来 Daniel 对 Tom Dwan 退出这场挑战赛并未发表过多的言论。他从未公开抨击过 Tom Dwan，但随着时间的推移，越来越多的人开始质疑 Tom Dwan 的信誉。著名高额桌职业牌手 Doug Polk 在自己的社交平台中将这次挑战赛称为"扑克历史上最大的骗局"。这样说可能有点夸张，但有很多人支持他的这一观点。最终在 2017 年，Daniel 在社交网站上声明，Tom Dwan 给过他 70 万美元，但这笔钱并没有达到当初双方的约定，他仍希望继续完成这场挑战赛，但 Tom Dwan 很显然已经没有继续下去的意愿。

第一章 "durrrr"的传说与全速扑克的黄金时代

Tom Dwan策划的Durrrr百万美元挑战赛制造了很多噱头，其商业价值也得到体现。Tom Dwan在2009年与全速扑克签约，成为其职业团队的一员，每年的赞助费在百万美元之上。尽管这可能更多归功于其在电视节目《高额德州》(*High Stake Poker*)中的精彩表现，但是Durrrr百万美元挑战赛对于其形象的塑造也是功不可没的。

而Durrrr百万美元挑战赛对众多扑克玩家来说却是令人无比失望。由于挑战赛最初制定的规则有一定缺陷，所以其进程异常缓慢，本来应该在几天或几周内出结果，却拖延两三年。而且Durrrr百万美元挑战赛与一般的高额桌对决并无本质区别，尤其是自Isildur1出现之后，百万美元输赢的对决随时可见。既然高额常规桌玩家平时的对决更加精彩，那么Durrrr百万美元挑战赛对于观众又有什么意义呢？

毫无疑问，Durrrr百万美元挑战赛成为Tom Dwan职业生涯的重要转折点。自此，Tom Dwan不再被业内认为是世界上最好的玩家之一，而在被公认为水平最高的线上高额常规桌上也再难看到"durrrr"这个ID。尽管他几年后重出江湖依然热度不减，但人们讨论的重点已经不是他的技术，而是把他更多地与亚洲老板高额局联系在一起。

虽然经历了2011年痛苦的下风期，但Tom Dwan在2012年和2013年依然保持着每年上百万美元的收入。不过很显然，Tom Dwan在线上扑克的优势逐渐缩小。这一方面是由于其他牌手的进步，另一方面则是由于 Tom Dwan 把更多的精力投入现场扑克中。

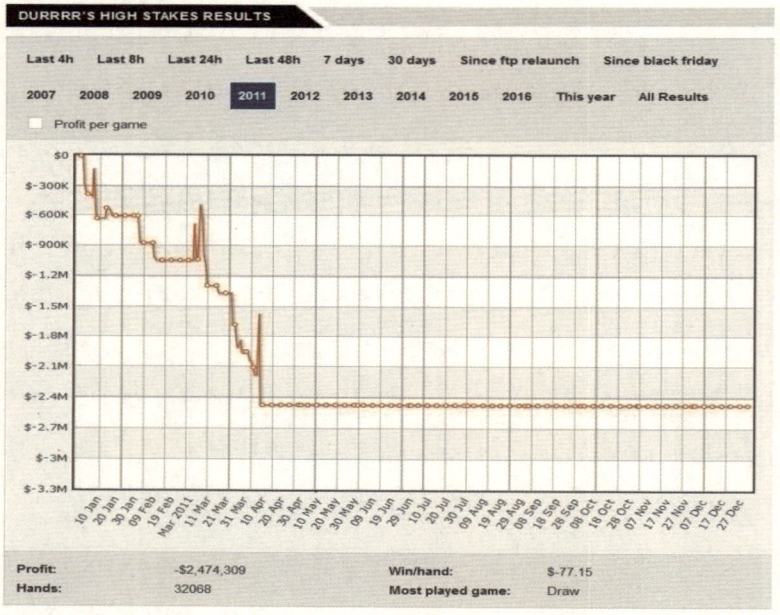

Tom Dwan 2011 年的线上战绩（横轴表示日期，纵轴表示盈利）

Tom Dwan 2013 年的线上战绩（横轴表示日期，纵轴表示盈利）

2013 年 12 月，Tom Dwan 离开了全速扑克。他在线上扑克高额桌 5 年多的辉煌也基本上就此打住。

第二章
电视直播上的神迹

德州扑克 Tom Dwan 经典牌例解析

如果说线上鼻血级的比赛让 Tom Dwan 跨入了顶尖的牌手行列，那么 Tom Dwan 在 2009—2012 年电视直播上的出色表现则让这个当时还充满稚气的帅哥火出了圈，人气甚至一度高于被公认的扑克之王 Phil Ivey，成为扑克界真正的流量之王。伴随着互联网视频网站的发展，许多中国人也在这一时期开始接触德州扑克游戏，而 Tom Dwan 也就自然而然地在许多中国玩家心中拥有极高的地位，这也为之后 Tom Dwan 在澳门能够迅速融入高额常规桌的老板圈子奠定了基础。

Tom Dwan 后来在一次采访中回顾了他从线上扑克转战到线下扑克的过程。"我第一次打现场扑克就是在伦敦的维景领峰（英国伦敦一家线上游戏公司，主营线上游戏，也在同名线下俱乐部举办一些比赛）。"Tom Dwan 说，"我当时看到一个玩家在打 25/50 美元的牌局，在翻牌前单一加注底池，底池有 7 万美元，他在 A 高翻牌面用 AJ 跟注 2 万美元。我暗想：'这傻子在干吗？'然后他赢得了底池！在线上扑克从不会发生这种情况，我开始想：'也许我应该开始学习打现场扑克！'"

虽然大部分线上玩家的扑克理论比现场玩家更为扎实全面，但 Tom Dwan 承认自己从线上扑克转战到现场扑克有一个学习过程。其中，最重要的是学习如何在现场捕捉马脚——一个大部分线上牌手都感到陌生的概念，当然还有如何解决在桌上感到无聊等问题。

Tom Dwan 说："那时候获得高水平的扑克教育并不容易。

第二章 电视直播上的神迹

我知道在过去的一年里,我比同桌的牌手们玩得多,有些战略性的技巧或概念我比他们更了解,但我也试着向很多人学习他们知道但我不知道的现场扑克知识。比如你一个小时没获得一手可以游戏的牌,你就开始诈唬。因为你不是坐在家里可以舒服地同时开多桌游戏。"Tom Dwan 还表示,如果某人开发出一种新游戏,他将会擅长那种游戏,但学习过程很重要。Tom Dwan 说:"你在新游戏中表现如何并不重要,重要的是,你能多快地从别人那儿学习到技能。"

Tom Dwan 很快就学会了现场扑克中的一些特殊技术,并且把自己在线上扑克中的技术优势完美带入现场扑克中。从 2009 年开始,Tom Dwan 逐渐出现在一些电视扑克节目直播中,他在这些节目中,和 Phil Ivey、Patrik Antonius 等高手一起奉献了无数精彩的对局,其中最引人注目的莫过于他在电视扑克真人秀节目《深夜扑克》(*Poker after Dark*)和《高额德州》中的各种炫技表演。在电视直播中,Tom Dwan 把自己领先于时代的扑克技术毫无保留地展示了出来,而正是这些扑克节目,让他逐步成为扑克世界的超级明星。

《高额德州》是由 GSN(专营各种游戏的电视节目的公司)副总裁 Mike Bevan 创立,由 GSN 网络制作,始于 2004 年的一个电视直播德州扑克现金桌真人秀节目,在美国西部时间每周一的晚八点播出,而且还有移动版节目提供。当年,在一个私人晚宴上,Johnny Chan(前华人扑克世界冠军)告诉 Mike Bevan

德州扑克 Tom Dwan 经典牌例解析

他输掉一个很大的底池给 Phil Ivey，Mike Bevan 很快意识到如果组织一场普通人难以承受的高额德州扑克赛应该能吸引非常多的观众，于是他便创立了这个扑克史上最著名的真人秀节目《高额德州》，并且一直延续至今。

《高额德州》第一季开播时，节目组将买入设置为最小 50 万美元，但很快节目组发现高额买入让玩家们普遍非常谨慎，放不开手脚竞争。所以《高额德州》执行制作人 Mori Eskandani 决定将买入的数额定在一个让所有玩家都觉得比较舒服的数字上，这样既能吸引更多的扑克高手，又能增加游戏的观赏性。经过反复考量，最后将买入设置为最小 20 万美元。显然，这个成功的设定大幅度提高了玩家们的游戏欲望，使《高额德州》成为有史以来最成功的扑克真人秀节目。"吃瓜"群众第一次可以用上帝视角来观看如此多的扑克世界冠军聚集在同一张牌桌上，除了 Tom Dwan，包括扑克之王 Phil Ivey、《超级系统》的撰写者 Doyle Brunson、小球流派创始人 Daniel Negreanu、线上高额现金桌常客 Patrik Antonius、扑克魔术师 Antonio Esfandiari，以及 Phil Laak、Eli Elezra、Dario Minieri、Barry Greenstein、David Benyamine、Josep Hachem、Howard Lederer、Peter Eastgate 等在内几乎所有的扑克传奇人物都曾出现在这个节目当中。

而在这群英荟萃中，年轻的 Tom Dwan 显然成为最耀眼的明星，在与老一辈的职业牌手对抗中，他展示了几乎碾压般的实力，并贡献了无数精彩的底池名场面，至今为人津津乐道。

第二章　电视直播上的神迹

他曾多次创造了电视直播的最大底池。一次是在2008年，他跟Barry Greenstein创造了一个919 600美元的底池。Tom Dwan在翻牌圈中对买金（使用中等牌力的对子，买同花），Greenstein AA全下，Tom Dwan转牌击中三条，从而击败对手。另一次是在几年后，Tom Dwan打破了自己的纪录。这次在转牌圈受害的人是Phil Ivey，他的低顺输给了Tom Dwan的坚果顺子，这次的底池达到1 108 500美元。如果你觉得这个底池还不够大的话，8年后Tom Dwan又参与了一个当时最大的现金游戏底池争夺，高达235.3万美元。不过那次他输给了传奇扑克的老板Paul Phua。而就在2023年，Tom Dwan与华裔玩家Wesly一起争夺一个超过300万美元的底池，再一次刷新了电视直播的底池纪录。

"最初在《高额德州》打牌的时候，我认为自己的无限注德州扑克水平比大多数人高明很多，彼此差距非常大，所以我能够游戏很多牌，而且那是我第一次在电视中打牌，我感到很有趣。我试图游戏更多的牌，一切都很顺利。"这是2020年Tom Dwan在接受一家媒体采访时，回顾自己当年在电视节目《高额德州》的表现时说的，"当我诈唬时，诈唬也奏效了。当我有牌时，别人为我支付。我只是运气很好。现在许多打无限注德州扑克的人厉害了很多，我最近没怎么打无限注德州扑克，因此我的水平不是非常高。但这是深筹码游戏，有时人们会用很傻的下注尺度。"

下面就让我们来回顾一下，Tom Dwan 当年在电视节目《高额德州》上神乎其神的表演。

🎰 Tom Dwan 对战 Phil Ivey

Phil Ivey，被称为扑克界的"老虎伍兹"，是历史上被公认最为全面强大的扑克选手。他几乎精通包括德州扑克、奥马哈、梭哈、27点在内的多种扑克类游戏，曾10次获得WSOP金手链，同时也是线上扑克黄金时代的代表人物，线上累计盈利接近2 000万美元。作为当年电视直播扑克真人秀的门面选手，Phil Ivey和Tom Dwan给观众带来了多手精彩的对决。

Tom Dwan 对战 Phil Ivey

天马行空的翻牌前对决

这是发生在美国著名扑克真人秀《深夜扑克》中的一手牌。当时的盲注级别为300/600美元，前注100美元，6人桌。

Tom Dwan 拿着 8♥7♦ 在中位加注到 2 200 美元。在那个普遍防守不足的年代，Tom Dwan 在 6 人桌中用一个很宽的范围加注并不是一个非常糟糕的选择。如果能直接拿下底池当然很好，如果得到了跟注，自己也能利用位置优势轻松实现自己的底池权益，甚至利用自己翻牌后的技术优势诈唬掉对手。毕竟在那个年代，大多数人关心的还只是自己手里的两张牌，只要翻牌没有击中，大部分人就会把底池让给对手。

这时庄位的 Phil Ivey 拿到了 10♦8♦。在那个年代，用同花连张在庄位跟注是深筹码现金局的常规选项。这种同花隔张牌有非常好的发展前景，如果击中了一手大牌，也许会赢得很大的底池。但这时 Phil Ivey 选择用 10♦8♦ 做 3Bet，再加注到 9 000 美元，这在当时并不常见。

这时 Phil Ivey 再加注可能基于以下原因：Tom Dwan 的开池加注范围比较宽泛，有大量较为边缘的手牌，直接 3Bet 有很大的可能直接拿下底池。即便 Tom Dwan 跟注，Phil Ivey 也有位置优势。其实，如果 Phil Ivey 在这时跟注，大小盲位的玩家很可能也会跟注，甚至加注。如果大小盲位的玩家跟注，Phil Ivey 翻牌后面对 Tom Dwan 的持续下注会处在中位，失去自己利用位置操作的可能性。

德州扑克 Tom Dwan 经典牌例解析

面对 Phil Ivey 的 3Bet，Tom Dwan 在这时弃牌肯定是最安全的选项，但不知为什么，Tom Dwan 好像洞察到了 Phil Ivey 拿到的并不是一手大牌。即便如此，因为没有位置优势，跟注也不是好的选择。Tom Dwan 询问了一下 Phil Ivey 的总筹码量，经过短暂的思考后选择了 4Bet 到 29 600 美元，用 8♥7♦ 4Bet 诈唬。

这是一个非常大的 4Bet，他似乎认定 Phil Ivey 手中的牌力并不是很强，只是为了隔离自己才做 3Bet，而自己的 4Bet 将会让 Phil Ivey 弃掉手牌范围中的大部分牌。

此时对于 Phil Ivey 来说，弃牌似乎是唯一的选择。而这两位顶级大神好像同时阅读出了对手的心思，Phil Ivey 面无表情地看着对手，经过短暂的思考后 5Bet 到 84 600 美元。Tom Dwan 只能无奈地摇摇头，几乎没有思考便弃掉了自己的手牌。

这种情况也让同桌的玩家感到吃惊，因为大家知道 Tom Dwan 是一个十分注意时间马脚的玩家（一般来说，职业牌手无论做出加注、跟注还是弃牌的决定都应该保持用大致相同的思考时间，否则会暴露自己手牌的信息），他们从来没有见到过 Tom Dwan 这么快弃牌，连同桌的以色列牌手 Elezra 都说"你应该多花点时间考虑"。当然只有 Tom Dwan 自己明白，这是一手不需要考虑的牌。

尽管用 8♥7♦ 本可以避免输掉一个大底池，但 Tom Dwan 的操作依旧让人眼前一亮，直到今天也没有人知道为什么 Tom

Dwan 用 8♥ 7♦ 4Bet 诈唬，而 Phil Ivey 也没有透露过自己 5Bet 诈唬的原因（也许是 Tom Dwan 询问筹码量的举动暴露了自己，因为 4Bet 诈唬既要保证弃牌频率，不能加注太小，又不能让自己套池）。不过显然，双方诈唬的原因已经和扑克理论无关，这也许就是现场比赛的特殊魅力吧！就像一些关于扑克游戏的电影一样，有经验的牌手总能发现一些常人无法察觉到的马脚，而这些马脚他们永远不会告诉别人。就像多年后如果不是被赌场起诉，人们永远不知道原来不同扑克牌背后的纹理是不同的，而 Phil Ivey 居然利用这一点在赌场最擅长的百家乐项目上赢走了数百万美元。

紧张到口误的对决

这是《高额德州》中早期的一手经典对决。

牌局进程

翻牌前：6 人桌，盲注级别 300/600 美元，前注 50 美元，起始底池 1 200 美元。

枪口位的 Phil Ivey 持 J♠ T♣ 加注到 1 600 美元，枪口位 +1 位的 Tom Dwan 持 K♣ Q♠ 跟注，其余 4 人皆弃牌，底池 4 400 美元。

德州扑克 Tom Dwan 经典牌例解析

Tom Dwan 对战 Phil Ivey

翻牌：6♥ J♣ 9♣

Phil Ivey 下注 3 000 美元，Tom Dwan 略作思考便加注到 11 300 美元。Phil Ivey 经过考虑后跟注，底池成为 27 000 美元。

转牌：A♣

Phil Ivey 过牌，Tom Dwan 下注 24 700 美元。

Phil Ivey 短暂思考后选择跟注，底池为 76 400 美元。

河牌：2♣

Tom Dwan 幸运地击中了坚果，选择下注 61 300 美元，Phil Ivey 长时间思考之后痛苦地跟注。这样，Tom Dwan 在前面两条街的诈唬牌在河牌圈幸运地变成了坚果牌，并且成功击败了同样拥有同花的 Phil Ivey，赢下了 199 000 美元的巨额底池。

也许是 Phil Ivey 思考的时间过长，Tom Dwan 有些走神，在 Phil Ivey 跟注之后说："You got it！"Tom Dwan 本来想说的应该是"I got it"，就是我赢了的意思，现在说成你赢了。这在牌桌上是极度不礼貌的行为，特别是面对这么大的底池。随后，Tom Dwan 为自己的口误连续道歉了接近 10 分钟。抛开 Tom Dwan 因口误而道歉的小插曲，这手牌体现了双方极高的水准，在没有 Solver 解算器的年代，他们打出了堪称 AI 般的对决。

牌局分析

Phil Ivey 选择了用 J♠ T♣ 开池加注，在解算器被广泛应用的今天，各种翻牌前范围表都不推荐用 JTo 在枪口位置加注入池，但在那个还没有翻牌前范围表的年代，任意的双高张都普遍被认为是一种可玩的手牌，即便是在最不利的位置（而这手牌的结果也证明了 Solver 的科学性，即便世界上最优秀的选手也无法在不利位置用一手权益不足的牌获胜，对手比自己差太多除外，但显然 Tom Dwan 不是一个容易对付的对手）。

翻牌同时击中了双方的范围，Phil Ivey 在这个牌面拥有几乎所有的三条组合，并且比 Tom Dwan 拥有更多的超对，而 Tom Dwan 在这个牌面同样拥有所有三条组合，并且存在大量同花或顺子听牌。在解算器普及的今天，大部分玩家在这个牌面处于不利位置时会选择高频率过牌，但在那个普遍对持续下注防守不足的年代，Phil Ivey 选择持续下注也许是更好的选择。

然而，Tom Dwan 显然不是一个没击中牌就会妥协的选手，他选择了用卡顺加高张的听牌加注。从现代扑克理论的视角来看，这是个非常"Solver"的加注，Tom Dwan 的手牌 K♣Q♠ 阻挡了对手大量的价值范围（KQ 阻挡了对手的 KK、QQ、KJ、QJ），这时加注不仅可以让对手的一部分 A 高牌弃牌，同时还可以让对手用小于自己的牌跟注，例如 QTs、T8s，当然，Phil Ivey 在这里击中了顶对，显然也不会轻易弃牌给对手。

转牌 A♣ 又是一张同时击中双方范围的牌，Tom Dwan 虽然没有击中卡顺，但是多出了后门同花听牌，而 Phil Ivey 的手牌虽然依然是顶对，如果 Tom Dwan 是三条或者 AJ 这样的成牌，自己也有 9 张同花听牌。但无论如何，面对 Tom Dwan 的继续下注，Phil Ivey 的手牌已经变得非常边缘，即便 Phil Ivey 弃掉这手 J♠T♣，Phil Ivey 的范围内依然有着大量的同花及 AA、AJ 之类的顶部牌可以用来跟注。Phil Ivey 在这时选择跟注的原因可能在于他认为 Tom Dwan 在转牌圈的下注范围是完全两极化的，没有顶对之类的牌，要么是已经击中了同花听牌，要么是一些听顺子之类的诈唬牌，而 Phil Ivey 自己手里的 T♣ 阻挡了 Tom Dwan 的同花组合，这让 Phil Ivey 这手本来处于边缘的手牌变成了正 EV 的跟注。

河牌 2♣ 让牌面进一步变得复杂，在单张成花的牌面，Phil Ivey 选择继续过牌，而 Tom Dwan 在后位拿着坚果牌，自然选择下注。连续的 3 条街下注让 Tom Dwan 的范围变得极为极化，而 Phil Ivey 的 J♣ 在这时变成纯粹的抓鸡牌，不过 Phil Ivey 并没有思考很久就选择了跟注。事后，Phil Ivey 曾透露过关于这手牌自己当时的想法，他说："Tom 在转牌和河牌圈连续大尺度下注，通常意味着要么他有非常大的同花，要么是诈唬。"由于 A♣、9♣ 都在公共牌面上，而 J♣ 在 Phil Ivey 自己手中，一般来说，Tom Dwan 能够连续下大注的同花组合仅仅剩下 K♣Q♣ 和 K♣T♣。如果 Tom Dwan 只有一张梅花 K 或 Q，一般会在转牌或者河牌圈确认一下自己的花色，而他除了在翻牌前，自始至终没有看过自己的手牌，这大大降低了他的范围内价值下注的组合数。不过显然，这次关于现场马脚的阅读并没有给 Phil Ivey 带来帮助，Tom Dwan 刻意保持的"扑克脸"在关键时刻帮助了自己。高手对决，每一个细节都至关重要。

难以置信的诈唬和只差一丢丢的抓鸡

作为同一时代的线上高额桌玩家，无论是线上还是线下，Tom Dwan 与 Phil Ivey 曾经在多个场合交手过无数次，但要说让人印象最深刻的，莫过于这次对决——发生在美国 GSN 电视台《高额德州》第六季。

这局开始时，双方的筹码量都来到了比较深的程度，Tom Dwan 的筹码量在 730 000 美元，而 Phil Ivey 则是全场的筹码王，有效筹码超过了 700BB。

牌局进程

翻牌前：6 人桌，盲注级别 500/1 000 美元，前注 200 美元，起始底池 2 700 美元。

Antonio Esfandiari 在枪口位，Phil Laak 在枪口位 +1 位手持 A♠9♦ 加注 3 900 美元，Eli Elezra 在关煞位手持 A♣7♣ 跟注，Phil Ivey 在庄位持 A♦6♦ 跟注，Daniel 在小盲位持 J♣3♣ 跟注，底池达到 17 600 美元。此时 Tom Dwan 在大盲位拿到 9♠8♠，选择再加注到 28 900 美元，Phil Ivey 选择跟注，其余人皆弃牌。

翻牌：T♦ Q♣ K♦

这是个对 Tom Dwan 的整体范围极为有利的牌面，Tom Dwan 既有范围优势，又有坚果优势，于是持续下注 45 800 美元。Phil Ivey 击中了坚果同花听牌和坚果顺子听牌，理所当然选择了跟注（在超深筹码的博弈中，没有坚果优势的一方一般不适合采取很激进的策略，这和 100BB 或者更短筹码的游戏有着本质的不同）。底池达到 162 300 美元。

转牌：3♠

Tom Dwan 继续下注 123 000 美元！Phil Ivey 冷静地跟注，底池达到 408 700 美元。

河牌：6♣

河牌对牌面基本没有影响，稍作思考，Tom Dwan 选择了三枪诈唬，这一枪下注 268 200 美元。"他准备发力了！"解说的

Kaplan 激动地喊道。很显然，此刻习惯了现场鼻血级大场面的 Tom Dwan 并没有因为底池筹码的膨胀而展现出一丝丝胆怯，在那个 Solver 解算器还没有出现的年代，他像 AI 一样执行着自己既定的策略。

牌局分析

以现代扑克理论来看，9♠8♠ 是一手用来诈唬的标准组合，既阻挡了对手一部分的跟注组合，例如 J9s，又没有阻挡对手的弃牌范围（一些破产的同花听牌，例如 Phil Ivey 手上的 A♦6♦）。

此刻 Phil Ivey 听牌失败，但是击中了一个低对，照理说这是一个毫无疑问的弃牌，因为他的手牌阻挡了 Tom Dwan 可能存在的同花听牌失败之后的诈唬，但他居然开始长时间思考！由于这个底池巨大，其他选手都自觉地保持沉默。"这将是历史上最变态的跟注。"Phil Ivey 自言自语地说了一句。Phil Ivey 思考了将近 3 分钟，这也许是对 Tom Dwan 来说最令人折磨的 3 分钟，Tom Dwan 目光完全呆滞，摆出一副扑克脸，强迫自己眼神聚焦在某一角落无意义的一点上，让自己处在一种无意识状态中，避免给善于捕捉现场马脚的 Phil Ivey 留下线索，但因为长时间地聚焦，Tom Dwan 双眼已经泛出泪花。后来 Tom Dwan 在这 3 分钟的表情被人做成了表情包。

然而，根据 Phil Ivey 后来的回忆，他在这 3 分钟里思考的不是 Tom Dwan 是不是在诈唬，而是担心自己的手牌会不会没有 Tom Dwan 的手牌大。从发出的牌面看，除了小对子，很难想象自己的一对 6 会比 Tom Dwan 手里的某些组合更小，而 Tom Dwan 完全具有把自己的一些成牌转成诈唬牌的可能。如果出现抓诈没有成功的情况，这将会是一个损失接近 30 万美元的悲剧。"只能打败空气牌，完全的空气牌。"Phil Ivey 叹了口气道。他的再一次自言自语，说中了真相。Tom Dwan 手上的 9♠8♠ 恰恰就是完全的空气牌！

最终在经过漫长的思考，同时也是对 Tom Dwan 漫长的表情管理折磨后，Phil Ivey 选择了弃牌。Tom Dwan 也终于长出了一口气。

Tom Dwan 对战 Phil Ivey

Tom Dwan 对战 Patrik Antonius

Patrik Antonius（线上 ID：finddagrind）是芬兰著名的职业牌手，高额现金局常客，与 Phil Ivey 和 Tom Dwan 一起，被认为线上扑克黄金时代最好的玩家之一。和 Tom Dwan 一样，Patrik Antonius 以打牌风格勇敢激进著称。他是线上获得最大底池纪录的保持者，2009 年年底，Patrik Antonius 在与瑞典著名牌手 Viktor Blom 的对战中赢得了 1 346 946 美元的史上最大的线上底池。此外，在 2023 年的一场电视直播中，Patrik Antonius 赢得了当时全美电视直播的最大底池，约 200 万美元。他获得现场扑克赛累计总奖金约 2 000 万美元。2024 年，Patrik Antonius 入选扑克名人堂。

同样是线上高额局的常客玩家，Tom Dwan 与 Patrik Antonius 可谓是熟悉得不能再熟悉的老对手。两人曾经在线上创造过无数经典名场面，而在电视转播镜头下，两人也向世人展示了什么才是真正激进无畏的扑克选手。

接下来是双方在高额局上的一场典型对战。

牌局进程

翻牌前：Tom Dwan 在关煞位用 Q♥Q♦ 加注到 2 200 美元，Patrik Antonius 在庄位用 A♣8♣ 3Bet 到 7 500 美元，Tom Dwan 跟注。底池：16 500 美元。

翻牌：K♠ 8♣ 2♥

Tom Dwan 过牌，Patrik Antonius 下注 11 000 美元，Tom Dwan 跟注。底池：38 500 美元。

转牌：K♦

Tom Dwan 过牌，Patrik Antonius 下注 26 000 美元，Tom Dwan 跟注。底池：90 500 美元。

河牌：8♦

Tom Dwan 过牌，Patrik Antonius 下注 56 000 美元，Tom Dwan 弃牌。底池：146 500 美元。

牌局分析

这手牌最大的变数来自翻牌前，Tom Dwan 用 Q♥ Q♦ 选择在不利位置跟注了 Patrik Antonius 的 3Bet，而没有选择 4Bet。一方面，在 SPR 较深的情况下，Tom Dwan 不希望过于暴露自己的范围；另一方面，Tom Dwan 希望尽可能地留住 Patrik Antonius 手牌范围中的一些诈唬牌。

Tom Dwan 对战 Patrik Antonius

翻牌 K♠8♠2♥ 是个对 Patrik Antonius 有利的牌面，他的范围内有比 Tom Dwan 更多的 AK（Tom Dwan 范围内的大部分 AK 会选择 4Bet），Patrik Antonius 选择全范围下注，Tom Dwan 理所当然地跟注。

转牌 K♦ 对 Tom Dwan 来说也不算是一张糟糕的出牌，因为第二张 K 的出现，让 Patrik Antonius 手牌范围内的价值组合进一步减少。Patrik Antonius 下注 2/3 底池，进一步极化了自己的范围，手牌范围的价值组合基本代表了三条以上的牌力（AA、QQ、JJ 这些组合不会选择这个下注尺度），Tom Dwan 手中的 QQ 此时已经变成了纯粹的抓诈唬的组合。考虑到 Patrik Antonius 较宽的 3Bet 范围和激进的下注风格，Tom Dwan 依旧选择了跟注。

河牌 8♦ 让牌面进一步变得有趣起来。面对 Tom Dwan 的过牌，Patrik Antonius 选择了下注半池，这是个非常令人头痛的下注，明显针对的就是 Tom Dwan 手里的一些 99~QQ 的起手对子。如果下注满池，Tom Dwan 范围内的这些组合可以轻松地弃牌；如果下注再少些，则会失去部分价值。经过一番长时间思考，Tom Dwan 最终选择弃牌，他觉得即便是激进如 Patrik Antonius，在下注半池这个行动中依旧缺乏足够的诈唬组合。

Tom Dwan 对战 Patrik Antonius

如果上面那一手牌，双方的激战还算中规中矩，那么接下来的一手牌，你可以看到旧时代顶级牌手的疯狂。这手牌出自《高额德州》第五季。

牌局进程

翻牌前：8人桌，盲注级别400/800美元，前注200美元。

枪口位+1位的Tom Dwan手持J♣J♠加注到3 000美元，庄位的Antonio Esfandiari手持Q♥3♥跟注，小盲位的Patrik Antonius手持10♠6♠挤压到14 400美元，Tom Dwan跟注，Esfandiari弃牌。

翻牌：A♠8♥2♦

Patrik Antonius下注21 000美元，Tom Dwan跟注。

转牌：K♠

Patrik Antonius下注52 000美元，Tom Dwan弃牌。

牌局分析

无论在前GTO时代还是在后GTO时代，Patrik Antonius翻牌前在小盲位用10♠6♠做挤压都是一个疯狂的决定。Tom Dwan在有利位置用J♣J♠选择跟注而不是4Bet，就是希望留住Patrik Antonius 3Bet范围中的这些诈唬牌。

然而翻牌A♠8♥2♦对Tom Dwan来说并不友好，他的J♣J♠被盖了帽。面对Patrik Antonius的持续下注，考虑到Patrik Antonius在这条街很可能采取的是全范围下注，Tom Dwan选择跟注。

转牌K♠让Tom Dwan的J♣J♠进一步边缘化，面对Patrik Antonius的继续施压，Tom Dwan也只能选择弃牌。

在那个几乎所有选手在每条街都过度弃牌的前 GTO 时代，Patrik Antonius 这种激进的玩法并非毫无道理的。当我们知道对手在河牌圈过度弃牌时，我们就需要在转牌圈增加诈唬；当我们知道对手在转牌圈过度弃牌时，我们就需要在翻牌圈增加诈唬；而当我们知道对手在翻牌圈过度弃牌时，我们在翻牌前就要增加诈唬。翻牌前用 10♠6♠ 挤压，随后连续下注 3 条街，这种看似疯狂的做法，在某些情况下，恰恰是 EV 最大化的做法。

♦ Tom Dwan 对战 Eli Elezra　不可思议的"缠打"

Eli Elezra 是一位以色列职业扑克玩家和商人，出生于 1960 年，现居住在内华达州拉斯维加斯。在后 "Moneymaker" 时代，他获得过 5 条 WSOP 金手链和一次 WPT 冠军。截至 2022 年，他在现场锦标赛上获得的总奖金超过 5 000 000 美元，并于 2021 年入选扑克名人堂。

漂浮（Float）：德州扑克专业术语，中文翻译成"缠打"，指明知大概率落后，故意用胜率很低的牌跟注，并期望在后面的回合诈唬掉对手的行为。

牌局进程

翻牌前：5 人桌，盲注级别 300/600 美元，前注 100 美元，起始底池1 400美元。

Gabe Kaplan在枪口位持5♣2♦以600美元溜入，Tom Dwan在关煞位手持10♣4♣随后加注到3 700美元，庄位玩家弃牌，小盲位的Phil Laak持A♠2♠，他看到Tom Dwan面前如山的筹码，忍不住调侃了一句："在这样的筹码堆上面拿筹码下注，很爽吧？"Tom Dwan答道："从未碰到面前有如此多的筹码，却还是输的。"（Tom Dwan的初始筹码量为25万美元，到现在有6万多美元，算总账却还输了19万美元！当年高额局输赢的波动可见一斑。）在闲谈之际，Eli Elezra在大盲位持9♠9♣突然再加注到16 300美元，Tom Dwan选择跟注，Phil Laak弃牌。底池达到37 400美元。

翻牌：3♣ Q♥ Q♣

Eli Elezra下注16 000美元。Tom Dwan拿到同花听牌，选择了跟注。底池达到69 400美元。

转牌：3♥

牌面形成两张公对。Eli Elezra继续下注37 100美元。此时Eli Elezra如果有一张Q，Tom Dwan的同花听牌已经没有胜率，但Tom Dwan经过长时间思考后依旧跟注，底池变成143 600美元。

河牌：5♦

Eli Elezra过牌，Tom Dwan下注72 200美元。尽管Eli Elezra在整个高额局德州扑克系列赛中的表现像极了一个跟注站，但面对最喜欢诈唬对手的Tom Dwan，他最终选择了弃牌。

Tom Dwan 对战 Eli Elezra

牌局分析

很明显，这手牌充分暴露了新老两个时代牌手之间对于扑克理解的差距。而高额局德州扑克普遍的深筹码对决则将这种差距进一步放大。

从翻牌圈 Tom Dwan 用 10♣4♣ 跟注 Eli Elezra 的 3Bet 开始，Tom Dwan 显然就做好了利用牌面诈唬掉对手的准备，毕竟 10♣4♣ 想依靠摊牌击败对手的难度实在太大。

与现代扑克理论相比，10 年前的扑克玩家的翻牌前 3Bet 范围往往过于线性，主要集中在 AA、KK、QQ 这类大对子和

AK、AQ这样的高牌。这种翻牌前过于"头重脚轻"的范围结构往往会在翻牌圈发出低张连接牌面时缺乏坚果组合。

另外，那时候的德州扑克玩家的下注范围往往特别极化，不是坚果牌就是空气牌，缺乏融合的范围。

最重要的是，那个时代的玩家更关注的是自己手牌的绝对权益，而不是现代扑克理论中最重要的尺度和频率。"有花不买顺，公对不买金"这些现在听起来有些无厘头的口诀曾经是那个时代的金科玉律，这导致面对下注防守不足和诈唬不足是那个时代即便是顶尖牌手也难以避免的错误。

虽然那时候还没有Solver这类解算器软件，但Tom Dwan明显比其他老一代的玩家对德州扑克的理解更为深刻，他敏锐地察觉到对手在公对牌面下注范围的不平衡。

首先，从之前的对局进程来看，Eli Elezra翻牌前3Bet的范围中，QX的占比就相对较少，只有少量的QQ、AQ，缺乏KQ、QJ之类的组合，而这些组合都在Tom Dwan的范围内，这让Eli Elezra在3♣Q♥Q♣这个牌面没有明显的坚果优势。

其次，对Eli Elezra来说，可以选择的策略有下注—下注—过牌、下注—过牌—下注、下注—下注—下注、过牌—下注—下注，以及过牌—下注—下注这几种不同的行动路线，而Eli Elezra如果有Q，更有可能采用下注—下注—下注，或者下注—过牌—下注，再或者过牌—下注—下注，而不是下注—下注—过牌。Tom Dwan洞察到了这一点，在转牌的两公对牌面用同花听牌跟注，显然不单单是为了击中同花听牌，而是寄希望于 Eli Elezra 在河牌圈过牌后的诈唬。

在河牌圈，Eli Elezra 果然停止了下注，给了 Tom Dwan 诈唬的机会。在现代扑克理论中，无论发出的河牌是什么，即便自己的手牌范围内没有 QX，Eli Elezra 也必须拿出手牌的一部分进行防守，否则 Tom Dwan 可以用任意两张牌跟注到河牌圈，等待 Eli Elezra 过牌，然后进行诈唬，进而盈利（事实上 Tom Dwan 也的确是这么打算的，我相信即便没有同花听牌，Tom Dwan 也依然会用一些胜率很低的牌在转牌圈跟注，比如一些小的口袋对子）。但显然 Eli Elezra 对德州扑克的理解还停留在过去，他只是努力去猜测 Tom Dwan 手里的两张牌到底是什么。在老一辈玩家看来，在双公对的牌面用同花听牌跟注到转牌是一种很业余的行为，Tom Dwan 的手牌范围要么击中了 QX，要么是一些 99、TT、JJ 之类准备抓诈的对子，而这些对子在河牌圈有摊牌价值，没有诈唬的必要。经过一番"缜密"的思考，Eli Elezra 想不出 Tom Dwan 在河牌圈诈唬的组合，所以选择了弃牌。

有趣的是，在赛后的圆桌采访中，主持人跟参赛选手聊起这手牌。Eli Elezra 非常自信地说这手牌 Tom Dwan 绝不是偷鸡牌，Tom Dwan 有点控制不住地在旁边发笑，主持人怂恿 Tom Dwan 说出了真相。Eli Elezra 知道真相后，先是有些恼羞成怒，随后又转而笑道："Tom，以后有任何牌局都邀请你。我这辈子最喜欢跟你打牌了。"显然，Eli Elezra 还没有意识到自己与 Tom

Dwan 对于德州扑克的本质在理解上的差距，只是把 Tom Dwan 当成一个具有表演型人格的操作狂。此时看着一旁傻笑的 Tom Dwan，不由得让人想起了一句话："最聪明的猎人往往都把自己伪装成猎物的模样。"

◆ Tom Dwan 对战 Phil Laak 5 倍底池的诈唬

Phil Laak 是爱尔兰裔美国职业扑克玩家和扑克评论员，获得过世界扑克巡回赛（WPT）冠军、WSOP 金手链，是单场扑克游戏时间最长的世界纪录保持者。此外，Phil Laak 还以喜欢在牌桌上穿着连帽衫和戴太阳镜出名。他经常在牌桌上妙语连珠，创造了很多有趣的扑克术语来形容各种各样技术糟糕的玩家。例如"Felted"，意思是输光了所有的筹码（玩家面前除了桌子毡子什么都没有了），以及"Upstuck"，意思是从牌局的巅峰跌落（在同一局中赢了 15 000 美元，然后输了 10 000 美元）。他还创造了术语"POW"（支付巫师，在河牌圈支付大注的人），他用这个词来自嘲。然而在与 Tom Dwan 的对战中，Phil Laak 成为那个技术糟糕的玩家。

牌局进程

翻牌前：5 人桌，盲注级别 200/400/800 美元，前注 50 美元，起始底池 1 650 美元。

Tom Dwan 持 A♦ 8♣ 以 800 美元溜入，Phil Laak 持 K♣ 10♣ 在庄位加注到 3 900 美元，其余的人皆弃牌，Tom Dwan 选择跟注。底池来到 9 450 美元。

翻牌：5♦ 5♣ 3♥

双方都选择过牌。

转牌：K♠

Tom Dwan 过牌。Phil Laak 击中了顶对，但在经过一番思考后，Phil Laak 没有选择下注，而是选择过牌。

河牌：Q♦

Tom Dwan 继续选择过牌。Phil Laak 下注 7 400 美元，大约 2/3 底池，底池此时来到 16 850 美元，并不是一个很大的底池。正常来说 Tom Dwan 可以跟注，也可以弃牌。牌局在此时依然波澜不惊，直到 Tom Dwan 突然没有任何征兆地暴力加注到 84 700 美元，接近 5 倍底池。在那个人们还不习惯超池下注的年代，Phil Laak 很显然没有预料到 Tom Dwan 的加注尺度如此之大，接近 5：1 的比例，这个加注哪怕在今天看来也有些疯狂。

从 Phil Laak 的视角来看，一方面，他觉得 Tom Dwan 如果有三条，应该不会连续过牌 3 条街；另一方面，如果 Tom Dwan 在诈唬，这个加注有点太大了。Phil Laak 痛苦地在几种不可能中思索，希望能排除一个非常不可能的情况，让自己做出正确的决定。在长时间思考无果之后，Phil Laak 开始了种种不合牌桌礼仪的行为，甚至把自己的手牌亮出来给 Tom Dwan 看，希望捕捉到一点 Tom Dwan 的马脚，但 Tom Dwan 始终一副扑克脸。最终在经历了几分钟的自我挣扎之后，Phil Laak 选择了弃牌。

Tom Dwan 对战 Phil Laak

牌局分析

其实从翻牌圈和转牌圈对手的行为来看，Phil Laak 已经意识到了 Tom Dwan 习惯利用对自己有利的牌面，攻击对手封顶的范围。也许在 Phil Laak 原本的计划里，他的连续两次过牌就是为了应对 Tom Dwan 在河牌圈的诈唬。

只是 Phil Laak 没有想到 Tom Dwan 的诈唬是以过牌加注的形式进行的，而且加注的尺度如此之大，几乎是 5 倍的底池。很显然，Tom Dwan 又一次击中了对手扑克知识的盲区。

德州扑克 Tom Dwan 经典牌例解析

在现代扑克博弈当中，超池下注已经屡见不鲜，因为根据现代扑克理论，如果我们在河牌圈知晓对手的范围中缺乏坚果组合的保护，只要我们搭配自己的价值下注和诈唬的比例，我们在河牌圈的下注尺度越大越好。但很显然，当年的绝大多数玩家并不清楚这一点。

Phil Laak 犯了那个年代很多从有限注德州扑克转型到无限注德州扑克玩家一样的错误，他们错误地以为只要自己不下注就可以控制底池的大小，因为在有限注德州扑克的游戏规则当中，选手单次下注最多不能超过一个底池。但显然，眼前这个年轻人对于下注尺度的理解是超越那个年代的。

按照现代扑克理论，如果想要自己不被对手的诈唬剥削，单单控制底池的大小是没有意义的，真正应该做的是平衡好自己的手牌范围，保证自己在所有的行动路线上都有一定的坚果组合。Phil Laak 如果想要真正避免自己在河牌圈遇到如此困难的抉择，就必须在翻牌前平衡自己的手牌，开池范围不仅要包括 AA、KK、QQ、AKs 这些高胜率的手牌，还需要开池一定比例的 55、A5、65s，保证自己在发出低张连接牌面时也有足够的坚果组合。

另外，Phil Laak 还需要平衡自己在翻牌圈的持续下注范围。如果 Phil Laak 在翻牌圈 100% 下注 KK、QQ，以及自己手中的 5X，那么就意味着自己一旦在翻牌圈过牌，自己的范围内就不再具有三条以上的牌力。

同样地，在转牌发出 K♦ 之后，Phil Laak 依旧需要把自己的强牌一部分用来下注，一部分用来过牌，从而达到在所有的行动路线上范围的平衡。显然在没有解算器的年代，即便是 Phil Laak 这样的顶级牌手，想要在所有的牌面做到完美平衡是不可能的。

在 Tom Dwan 看来，如果 Phil Laak 拿到的是 QQ、KK，那么 Phil Laak 在翻牌圈一定会选择下注。就算 Phil Laak 在翻牌圈会埋伏一部分 5X，但这部分三条组合也会在转牌圈下注。Phil Laak 在翻牌圈和转牌圈连续过牌，已经给 Tom Dwan 传递了明确的信息：Phil Laak 手里没有坚果牌。这让 Tom Dwan 可以肆无忌惮地以过牌加注攻击。

以现代扑克理论来看，为了不让 Tom Dwan 持任意两张牌做这个诈唬剥削，此时 Phil Laak 必须让 Tom Dwan 诈唬和不诈唬的期望值趋于平衡（如果不平衡，Tom Dwan 可以选择永远不诈唬或者永远诈唬）。面对此特定局面，GTO 要求你必须用你所有可能进入此局面的手牌范围里最强的 24% 的牌来抵抗，并选择跟注，否则就会被你的对手剥削。

在此局面下，如果 Phil Laak 的范围中有 KK、QQ，以及 5X，那么 Phil Laak 拿这种坚果牌跟注就足够了；但如果 Phil Laak 的范围内没有这类坚果组合，那么他必须用一部分类似 K10 这类顶对跟注，否则 Tom Dwan 在这个局面下用任意两张牌的加注诈唬都是正 EV 的选择。

显然，Phil Laak 没有平衡好自己在过牌—过牌—下注这条行动路线上的范围，而 Tom Dwan 准确地捕捉到了这一点，他在河牌圈的过牌加注像一柄长剑，准确地刺中了 Phil Laak 的"阿喀琉斯之踵"。

♣ Tom Dwan 对战 Bob Safai　精明的语言试探

这手牌来自美国 NBC 电视台德州扑克节目《深夜扑克》第五季。

牌局进程

翻牌前: 6 人桌，盲注级别 400/800 美元，起始底池 1 200 美元。

Bob Safai 手持 A♦ Q♠ 在关煞位加注到 2 000 美元，Tom Dwan 在庄位用 8♣ 6♣ 跟注 2 000 美元，其余人弃牌。

翻牌： 5♣ 3♣ Q♥

Bob Safaii 继续下注 5 000 美元，Tom Dwan 拿到同花听牌，稍作思考后选择跟注。

转牌： 10♠

Bob Safai 继续下注 12 000 美元，Tom Dwan 依旧从容跟注。

河牌： 2♦

Bob Safai 过牌，Tom Dwan 想了一会儿，之后问了 Bob Safai

一句："你还有多少筹码？"Bob Safai 笑了笑，随口回答了一句："还有很多，五万多。"（实际上 Safai 桌上至少还剩 8 万美元。）

得到答案后，Tom Dwan 又继续思考了很长一段时间，随后轻蔑地说了声"全下"，全下 133 200 美元。

Bob Safai 的表情一下子严肃了起来，显然 Bob Safai 遇到了和 Phil Laak 一样的问题，他预感到 Tom Dwan 可能会诈唬，Bob Safai 在河牌圈主动选择过牌，就是为了抓 Tom Dwan 的诈唬。但 Bob Safai 还是低估了 Tom Dwan 的激进程度，这是一个将近 3 倍底池的全下。经过几分钟的自我说服之后，Bob Safai 和 Phil Laak 一样选择了弃牌。

Tom Dwan 对战 Bob Safai

牌局分析

以现代扑克理论来看，Tom Dwan 在河牌圈的诈唬可谓毫无道理。首先，对手的范围并不封顶，QQ、TT、QT 依然在对手的范围内；其次，自己的手牌并没有阻挡对手的跟注范围，相反严重阻挡了对手的弃牌范围（Bob Safai 的同花听牌有可能连续诈唬两次之后在河牌圈弃牌）。但 Tom Dwan 很明白，Bob Safai 对于超池下注应该如何防守显然没有概念（从玩有限注德州扑克转型到玩无限注德州扑克的人大多如此）。Tom Dwan 确信，除非 Bob Safai 拥有 QQ 或 QT 这类怪兽牌，其余的手牌 Bob Safai 都不会选择跟注。

至于 Tom Dwan 为什么确信对手没有 QQ、TT 或 QT，Tom Dwan 罕见地在赛后采访中解密了自己的想法："一个人如果在河牌圈持有坚果牌，比如 QQ 或 QT，三条或两对，当我问他还有多少筹码时，他绝对笑不出来，他会很紧张地回答。"显然 Bob Safai 不自知地暴露了自己言语中的马脚。

而这手牌也反映出 Tom Dwan 敏锐的洞察力。当一个线上的王者来到线下时，如果他学会了如何分辨马脚，那将会是碾压般的存在。

多人底池的经典诈唬

这手牌发生在美国 GSN 电视台德州扑克节目《高额德州》第五季。

由于 Tom Dwan 这手牌不可思议的表现，当时主持人一度把 Tom Dwan 的名字与 Stu Ungar（拉斯维加斯扑克史上第一传奇人物，活跃于 20 世纪八九十年代）联系在一起。

牌局进程

翻牌前：8人桌，盲注级别 400/800 美元，前注 200 美元，起始底池 2 800 美元。

枪口位的 Greestein 手持 A♥A♣ 加注到 2 500 美元，枪口位 +1 位的 Tom Dwan 手持 Q♣T♣ 跟注。出乎意料地，后面的 Benyamine、Elezra、Sahamies、Negreanu 都纷纷跟注，甚至小盲位的 Eastgate 手持 4♥2♦ 这样的烂牌也因为赔率而跟注，大盲位的 Brunson 也理所当然地跟注。

这是一个罕见的 8 人底池！桌子上所有的玩家都跟注了，俗称"全家桶"（Family Pot），就是家庭游戏中亲戚朋友没事耍乐打牌常出现的情况。仅仅在翻牌前，底池已经达到了 21 600 美元。

德州扑克 Tom Dwan 经典牌例解析

著名的"全家桶"

翻牌：2♣ T♦ 2♠

小盲位的 Eastgate 过牌（他击中了三条！），大盲位的 Brunson 笑得像个小孩，手持 A♠9♣ 也过牌，枪口位的 Greestein 手持 A♥A♣ 选择下注半个底池。轮到了 Tom Dwan，他在长时间思考之后，加注到 37 300 美元。

其他玩家纷纷弃牌，轮到了持 4♥2♦ 的 Eastgate。Eastgate 思考了一阵子之后选择跟注。Greestein 手持 A♥A♣ 同样跟注。底池达到了 133 500 美元，剩下 3 人进入了转牌圈。

转牌：7♦

这张 7♦ 对 3 人的牌力都没有改变，Eastgate 和 Greestein 都快速过牌，Tom Dwan 稍作考虑之后下注 104 200 美元。此刻桌子上 3 人的有效筹码还剩 300 000 美元左右。

Eastgate 和 Greestein 都在经历了一段痛苦的思考后选择弃牌。Tom Dwan 在收拾赢回来的一大堆凌乱筹码的时候，忍不住得意地说："我猜 Eastgate 弃掉了三条 2，Greestein 弃掉了一个超对，你们一定觉得我手上拿着口袋对 T 翻牌击中了葫芦。"这手牌 Tom Dwan 在明知道对手拥有三条的情况依然选择诈唬，完美诠释了什么叫艺高人胆大。

Tom Dwan 在河牌圈利用阻挡牌诈唬

牌局分析

以现代扑克理论来看，Tom Dwan 在翻牌圈的加注有点莽撞，因为 Tom Dwan 处在中间位置，后面还有很多没有行动的玩家，Tom Dwan 有不低的概率撞见对手的三条，毕竟这是一个 8 人底池（事实上也的确如此）。但 Tom Dwan 也清楚地知道，自己在这时的加注可以最大化对手的弃牌率，因为后面位置的人也同样担心其他人有击中三条 2 的可能，而 Greestein 作为枪口位加注的人，是最不可能拥有 2 的。

遗憾的是 Eastgate 击中了三条 2，但是踢脚是最小的 4，Tom Dwan 如果也有 2 的话，Eastgate 大概率是落后的，所以 Eastgate 仅仅选择了跟注。而对 Greestein 来说，自己的 AA 目前已经是一手边缘的抓鸡牌。如果其他两个人有 2，那么自己只有 2 个出牌；如果对手没有 2，那么自己的 AA 大概率是领先的。思考了一阵后 Greestein 也选择了跟注。

转牌 7♦ 对玩家的权益分布并没有产生太大的影响，除非有人的手牌是 27，而这几乎是不可能的。Eastgate 继续过牌，而 Greestein 的 AA 也没有下注的理由，游戏再次轮到 Tom Dwan 行动。Tom Dwan 知道自己大概率落后了，但考虑到自己的位置相对有优势，以及自己手中有一张 T，阻挡了对手的 TT 和 2T，Tom Dwan 选择继续下注诈唬，因为 Tom Dwan 清楚 Eastgate 虽然可能有 2，但是他要考虑到 Greestein 的手牌。

对 Eastgate 来说，如果跟注了 Tom Dwan 的下注，之后被 Greestein 加注，结果是灾难性的。Greestein 的手牌大概率是一个超对，面对 Tom Dwan 在转牌圈的继续诈唬，依照 Greestein 谨慎的风格，他可能也会弃牌。不得不承认，Tom Dwan 的假设是有些道理的，"上帝有时候也会奖励勇敢的人"，Tom

Dwan 这次赌对了，同时也成就了高额局德州扑克当季最精彩的一手诈唬。

这是高额局德州扑克早先的一手牌例，充分展示了那个时代的局限性，也显示出 Tom Dwan 对于德州扑克远远超于时代的理解。当时大部分人对于"权益实现"这个现代德州扑克理念还没有多少认识，大多数人觉得只要翻牌前有足够的赔率，任意两张牌都可以入局看一眼。但实际上，处在不利位置的玩家并不是每次都可以看到河牌，兑现自己的权益的。如果 Eastgate 不是在小盲的位置，也许 Tom Dwan 就很难拿下这个底池。

此外，Tom Dwan 在转牌圈把一手顶对——一手有良好摊牌价值的牌变成了诈唬牌，这在当时的很多人看来都是匪夷所思的。直到 Solver 解算器普及之后，人们才发现 Tom Dwan 把顶对转成诈唬牌有他的道理。首先，在这手牌中，Tom Dwan 的顶对实际上已经没有太多的摊牌价值；其次，Tom Dwan 的 T♣ 阻挡了对手的 TT、2T 两种最为顶部的范围。Tom Dwan 如果选择诈唬，Q♣ T♣ 就是最好的组合。

Tom Dwan 对战 Eastgate　准确的反主动下注

这手牌来自 2009 年《高额德州》节目，Tom Dwan 对战 Eastgate。

牌局进程

翻牌前：8人桌，盲注级别400/800美元，有效筹码大约为600BB。

Eastgate手持A♥6♥在关煞位开池加注到2 500美元，Doyle Brunson和Greenstein分别在庄位和小盲位跟注，Tom Dwan在大盲位拿到7♣6♣也选择了跟注，其余人弃牌。底池：11 600美元。

翻牌：6♦ 5♥ 3♦

Tom Dwan用顶对加卡顺反主动下注2/3底池——7 700美元，Eastgate选择跟注，Brunson和Greenstein弃牌。底池现在有27 000美元。

转牌：6♠

Tom Dwan继续下注20 200美元，大概2/3底池，Eastgate继续跟注。底池有67 400美元。

河牌：K♠

Tom Dwan在河牌圈下注接近一个底池——53 900美元，Eastgate跟注，此时底池为175 200美元。Tom Dwan的三条遇到了更大的踢脚，遗憾地输掉了这个底池。

Tom Dwan 在河牌圈看到对手手牌后惊讶的表情

牌局分析

尽管这手牌 Tom Dwan 没能收下底池，但他在翻牌圈的反主动下注依旧展示了其超越那个时代对德州扑克的理解。那时，反主动下注被认为是一种不合时宜、难以平衡的策略，随着 Solver 解算器的出现，现代扑克理论进一步论证了这一方法的有效性。在绝大多数牌面下，大盲位的玩家都应该过牌给翻牌前主动加注的一方，但在极少数牌面下，则可以用一部分手牌组合进行一定频率的反主动下注。直到今天，只有少数高手能找到那些为数不多的适合反主动下注的时机。显然，Tom Dwan 在 10 年前就明白了这一点，在低张连接面这个为数不多的适合反主动下注的牌面，尽管是多人底池，Tom Dwan 用一手只有用现代解算器才能够找到的组合反主动下注。遗憾的是，Tom Dwan 遇到了一手刚好压制自己的手牌。不过德州扑克并不是一个以结果论输赢的游戏，尽管最后输掉了底池，但 Tom Dwan 依旧展示出了他那在前 GTO 时代鹤立鸡群的对德州扑克的理解。

♠ Tom Dwan 对战 Dennis Phillips　标准的阻挡式下注

Dennis Phillips 是美国德州扑克职业玩家，2008 年获得 WSOP 主赛事第三名，2010 年获得全美德州扑克单挑比赛第三名，在其职业生涯中共 4 次进入 WSOP 决赛桌。

牌局进程

翻牌前：8 人桌，盲注级别 400/800 美元，前注 200 美元。

Phil Ivey 在枪口位用 A♠K♦ 率先加注到 3 500 美元，Veldhuis 拿着 5♠5♦ 跟注，Dennis Phillips 用 A♣J♥ 跟注，Tom Dwan 在小盲位用 9♣8♣ 跟注，其余人弃牌。底池：16 400 美元。

翻牌：8♠J♠7♦

Tom Dwan 过牌，Dennis Phillips 反主动下注 8 500 美元，Phil Ivey 和 Veldhuis 弃牌，Tom Dwan 跟注，底池来到 33 400 美元。

转牌：4 ♦

两位玩家都过牌。底池：33 400 美元。

河牌：9 ♥

Tom Dwan 下注 14 800 美元，Dennis Phillips 跟注。底池：63 000 美元。

Tom Dwan 在河牌圈下阻止注

牌局分析

这手牌 Tom Dwan 再次在翻牌前用一手极为边缘的手牌在不利位置跟注。翻牌圈波澜不惊，Dennis Phillips 击中了顶对顶踢脚，选择主动下注半池，而 Tom Dwan 击中了中对加卡顺，选择跟注。

转牌 4♦，双方的整体权益并没有发生变化，Dennis Phillips 在 Tom Dwan 过牌后，出乎意料地选择用顶对随后过牌。

而河牌 9♥ 则让牌面变得有趣起来，此时 Tom Dwan 击中了两对，但牌面只需要一张 10 就能形成顺子。考虑到对手在转牌圈过牌，Tom Dwan 觉得自己的两对大概率是领先的。经过一番思考后，Tom Dwan 选择下注 1/5 底池。Dennis Phillips 此时的 A♣J♥ 已经变成了一手抓诈牌，但考虑到 5∶1 的底池赔率，他还是选择了跟注。

这手牌在当时曾经引起了一定的争议，很多人觉得在不利位置下小注是没有意义的。如果 Tom Dwan 觉得自己的牌比对手大，可以下注半池左右以最大化自己的价值，或者过牌等待对手的诈唬。但随着 Solver 解算器的普及，越来越多的人开始意识到像 Tom Dwan 这样处于不利位置在河牌圈下一个小注不仅不是没有意义的，相反是必须且必要的。

这时如果 Tom Dwan 拥有两对组合不下注，对手的如 AJ、QJ 这样的顶对可以轻松选择过牌摊牌，从而错失很多价值。而如果下注过大，自己又没有坚果优势，对手可以用一部分的 TX 混合一部分的诈唬让 Tom Dwan 的两对陷入尴尬的境地。更重要的是，如果 Tom Dwan 不下注，意味着他的过牌范围实在是太强了，对手的诈唬组合几乎失去了诈唬的动机。

站在现代扑克理论的角度，Tom Dwan 在河牌单张成顺的牌面下用两对组合主动下小注，会让对手手中除顺子之外的绝大多数组合都陷入困难的境地。很难想象在10年前，Tom Dwan 是如何想到这一点，并大胆地运用到实战中去的。

🎰 Tom Dwan 对战 George Sammy 27o 的疯狂诈唬

这是当年发生在 Durrrr 百万美元挑战赛电视直播当中轰动一时的一手牌，当时年轻的解说员 Ike Haxton 忍不住感叹道："这手牌将载入电视扑克史册，太不可思议了！"也正是这手牌让 Tom Dwan 成为 27o 诈唬的代名词。

Durrrr 百万美元挑战赛的赛制为单挑赛，盲注级别为 500/1 000 美元，每位玩家至少 50 万美元买入，只有被清台或者打满 5 万手牌才可以退出比赛。一共有 3 位选手参加挑战，分别为 Marcelo、Hamon 与 Sammy。

在前两场挑战赛中，Tom Dwan 先后输给了 Marcelo、Hamon，但差距都极为细微，一共不到 10 万美元。在最后的第三场，Tom Dwan 一扫颓势，以碾压般的优势狂卷 Sammy 75 万美元，尤其是下面这一手牌，成为 Sammy 一生的噩梦。

牌局进程

翻牌前：Tom Dwan 率先开池到 6 000 美元，并一反常态地宣布自己拿着 27o（扑克当中最差的一手起手牌。如果用这手牌赢下底池，输的玩家将额外支付 1 000 美元）。Sammy 拿着 A♦6♣ 跟注，他虽然嘴里说着不相信，但在后续的思考中却备受其扰。

翻牌：J♥ A♥ 6♥

击中了两对的 Sammy 过牌，Tom Dwan 用手中的同花听牌下注 10 000 美元。Sammy 加注到 27 000 美元，Tom Dwan 跟注。

转牌：3♣

Sammy 再次过牌，Tom Dwan 下注 48 000 美元，Sammy 过牌跟注。

河牌：3♦

Sammy 依然过牌，Tom Dwan 想了一下，直接把手中的 479 500 美元全下了！而 Sammy 只剩下不足 36 万美元，在思考了长达 4 分钟后，Sammy 艰难地选择了弃牌。Tom Dwan 亮出了手中的 7♠2♥，成功地用空气牌打跑了对手两对。赛后 Tom Dwan 对 Sammy 说："你想了这么久，我还以为你有同花。"Sammy 回答道："如果我有同花，我会立即跟注。"而 Tom Dwan 则非常自信地表示："你不可能立即跟注。"

第二章 电视直播上的神迹

Tom Dwan 经典的 27o 诈唬

牌局分析

众所周知，单挑是最考验德州扑克技术的一种比赛形式。一方面，双方必须用很宽泛的范围进行游戏，这会导致大多数时候双方的牌力都不会很强，诈唬与抓诈唬是对战的主旋律；另一方面，由于对战过于频繁，行动路线的漏洞很容易被对手发现并利用，在那个没有解算器的年代，即便是顶尖玩家也很难做到在所有的牌面和行动路线上保持完美的平衡。

比赛开始后不久，Tom Dwan 就发现了 Sammy 的 3 个漏洞。

Sammy 翻牌前 3Bet 不足。单挑底池的 3Bet 范围一般来说要比多人底池宽很多，一些多人底池中可以直接弃牌的手牌组合，在单挑中往往是很好的 3Bet 诈唬组合。

Sammy 面对 Tom Dwan 的持续下注，喜欢用一些边缘手牌加注，类似于新手玩家常说的"验牌"。

Sammy 在转牌圈过牌跟注之后，在河牌圈明显过度弃牌。

Tom Dwan 针对以上 Sammy 暴露出的 3 个漏洞，做出了极端但非常有效率的策略调整。

由于 Sammy 存在明显的 3Bet 不足，Tom Dwan 选择了用任意两张牌开池，甚至包括 27o 这手德州扑克中最差的起手牌。虽然这看上去很疯狂，但实际上的确是一种很有效的最大化剥削方式（前提是对手不会轻易发现，且无法做出有针对性的调整。很显然，直播时这么做并不合适）。

翻牌是天花面，Tom Dwan 选择继续下注，即便在解算器已经广泛使用的今天，大部分玩家天花面防守也总是不尽如人意。Tom Dwan 在当年敏锐地发现了这一点，并大胆地在 A 高天花面持续下注，结果遭到 Sammy 的加注。而 Tom Dwan 选择用这手 7♠2♥ 跟注，很显然目的不仅仅是为了击中同花。2♥ 毕竟太小了，但如果我们知道对手喜欢用边缘牌在翻牌圈加注，并且在后面的街道过度弃牌，我们需要在前面的街道尽量多地跟注对手。我不清楚在那个年代有多少人明白最大化剥削的原理，但很显然 Tom Dwan 明白这一点，这也是"durrrr"这个 ID 在线上曾经大杀四方的原因。Tom Dwan 勇敢地用 27o 跟注，并寻求在后面的街道拿下底池。

转牌 3♣ 对双方的范围都没有帮助，Sammy 如 Tom Dwan 所愿选择了过牌。事实上，如果Sammy此时选择下注，那么Tom Dwan大概率会选择弃牌，也就不会有之后的名场面。但Sammy的过牌给了Tom Dwan诈唬的机会，很显然Tom Dwan不会错过，他果断对Sammy封顶的范围发动进攻。Sammy在转牌跟注，暴露了他受限的范围，至少Tom Dwan可以确定Sammy手里的不是两张红桃。

河牌3♦再一次改变了双方的权益分布，此时牌面不仅有同花还有公对，Sammy再度过牌让Tom Dwan确信对方的手里没有同花之类的怪兽牌。由于有27o奖励的存在，以及Sammy在河牌圈会过度弃牌，Tom Dwan在河牌圈毫不犹豫地选择全下，给予Sammy极大的压力，从而成功击溃了Sammy。

站在现代扑克理论的视角来看，Tom Dwan富有侵略性的策略本质上是一种对松弱型玩家（以前年代的大多数玩家都属于这种类型）的最大化剥削。

在德州扑克中，任何策略都不是完美无缺的，尤其是剥削策略，一旦被针对，往往也会付出非常惨痛的代价。比如下面这手牌，Tom Dwan就为自己过度偏离的策略付出了代价。

🎰 Tom Dwan 对战 Daniel Negreanu

Daniel Negreanu是加拿大职业扑克玩家，曾7次赢得WSOP金手链和两次世界扑克巡回赛（WPT）冠军。他是第一位在

WSOP 3个手链颁发地（拉斯维加斯、欧洲和亚太地区）都进入决赛桌的玩家，也是第一位在每个地方都赢得手链的玩家。尽管Negreanu是锦标赛中毫无疑问的顶级选手，但扑克圈的玩家普遍认为Negreanu的常规桌技术远远不如他的锦标赛技术。也许正因为如此，Tom Dwan在电视直播中对战Negreanu时明显比较随意，这也导致他几次落入Negreanu设下的陷阱，并且在接下来这手牌中输掉了一个272 600美元的巨大底池。

这手牌选自《高额德州》第九季第三集。

牌局进程

翻牌前：Patrik Antonius在枪口位用10♠8♠做了一个松的加注2 000美元，在他身后的Negreanu用K♠K♥设陷阱，仅仅选择跟注。Tom Dwan拿到了A♣J♠，做了一个强势的挤压，下注14 000美元。Antonius弃牌，Negreanu 4Bet到32 000美元，Tom Dwan跟注。底池：68 600美元。

翻牌：10♣ 4♥ J♦

Tom Dwan击中了顶对带顶踢脚。在Negreanu做了一个小的持续下注（大约29%底池）后，Tom Dwan处于一个艰难的境地，因为他只剩下一个底池多一点的筹码，这使得顶对带顶踢脚的牌很难逃离。

Tom Dwan全下后Negreanu秒跟注，这就缔造了《高额德州》第九季到目前为止最大的底池272 600美元。

第二章 电视直播上的神迹

Tom Dwan 对战 Daniel Negreanu

Negreanu 拥有 4∶1 的胜率优势，他们决定发两次牌。

第一次发牌：

转牌是 Q♠，Tom Dwan 需要 1 张 K 或者 J 才能逆袭，但河牌是 7♠，Negreanu 率先赢下半个底池。

第二次发牌：

转牌是一张 Q♥，Tom Dwan 依旧只有 4 张出牌（Outs）。河牌的 4♣ 并没能让他如愿。最终 Negreanu 拿下了整个 272 600 美元的超大底池。

牌局分析

这手牌的主要战斗来自翻牌前，Antonius 是这一切的始作俑者，他在枪口位手持 10♠8♠ 做了一个松的加注。在不利的位置，翻牌前用如此宽的范围加注很显然不是一个明智的选择，很容易遭到其他玩家的攻击。然而，拿到 K♠K♥ 的 Negreanu 并没有立即 3Bet，而是选择跟注慢打，用口袋对 K 做跟注设下漂亮的陷阱，因为他知道后边还有两个喜欢做挤压的最激进的玩家还没有行动。

　　事情果然如 Negreanu 所预料的，大盲位的 Tom Dwan 做了一个 7 倍底池的挤压。在 Antonius 弃牌后，Negreanu 有了一个不错的 4Bet 时机，他唯一要考虑的是 4Bet 的大小。如果选择全下，那么的确会被 Tom Dwan 的一些 QQ、JJ 和 AK 跟注，但 Tom Dwan 的手牌显然不只有 QQ 和 AK，还包含例如 AQ、AJ、TT、99、88、A5s 之类较弱的范围。最终 Negreanu 选择了一个最小尺度的 4Bet，希望留下 Tom Dwan 手里一些更弱的手牌。

　　Tom Dwan 的脑中应该响起了警报声，因为会这么操作的玩家手牌通常是 KK 或 AA，Tom Dwan 这时通常的操作应该立刻弃牌。而 Tom Dwan 不久前刚刚输给了 Negreanu 一个大的底池，年轻人的自负心理让他没法接受再次输给一个自认为水平落后于自己的玩家，最终 Tom Dwan 选择跟注，期待翻牌后击中一个强牌，惩罚 Negreanu 这种非常规的行为。然而 J 高的翻牌简直是个灾难，因为顶对带顶踢脚在这时几乎无法逃离。面对 Negreanu 一个小的持续下注，Tom Dwan 选择了冒险，但这次好运并没有站在 Tom Dwan 这边，两次发牌他都输了，在这次比赛中再次败给了 Negreanu。

　　很多现金桌的玩家总是喜欢去惩罚那些在翻牌前暴露自己手

牌的玩家，这种莫名的自负即便是世界上最顶尖的牌手也难以完全避免。像 Negreanu 这类锦标赛玩家也许在翻牌后的技术的确不如像 Tom Dwan 这类现金桌玩家，但他们往往习惯在翻牌前花更多的心思。实际上，这手牌中 Negreanu 在翻牌前处理得非常巧妙，他巧妙地利用了自己的位置（在一个开池范围很松的玩家和一个喜欢挤压的玩家中间）很好地隐藏了自己的牌力，成功伏击了 Tom Dwan。

Tom Dwan 对战 Doyle Brunson 不可思议的抓鸡

Doyle Brunson，1933 年生于得克萨斯州，是德州扑克历史上最有影响力的人物之一，被誉为"德扑教父"。其在 1978 年出版的《超级系统》堪称第一本系统介绍德州扑克的教科书，是无数德州扑克玩家的启蒙读物，是前 GTO 时代几乎所有德州扑克入门玩家的必读书。Brunson 曾有句名言："人不是因为老了不能打牌，而是因为不打牌了才变老。"

这一手牌，发生在美国 NBC 电视台德州扑克节目《深夜扑克》第五季，是德州扑克新旧代表人物的大碰撞。

牌局进程

翻牌前：6 人桌，盲注级别 200/400 美元，前注每人 50 美元，起始底池 900 美元。

前面位置的 3 个玩家弃牌，Tom Dwan 在庄位手持 3♥3♦ 加注到 1 400 美元，Doyle Brunson 在小盲位手持 10♥9♥ 3Bet 到 4 900 美元，大盲位玩家弃牌，Tom Dwan 瞅了一眼 Doyle Brunson 剩下的筹码后选择跟注。底池来到 10 500 美元。

Tom Dwan 对战 Doyle Brunson

翻牌：9♦ 5♣ 9♣

Doyle Brunson 继续下注 7 000 美元，Tom Dwan 跟注。底池来到了 24 500 美元。

转牌：6♥

Doyle Brunson 继续下注 22 000 美元。Tom Dwan 经过一段时间思考后依旧选择跟注。现在底池达到 68 500 美元。

河牌：J♠

Doyle Brunson 稍作考虑，选择全下——62 250 美元！Tom Dwan 并没有思考太久便选择跟注。Doyle Brunson 亮出底牌 10♥9♥，成功收下了底池。

牌局分析

翻牌前 Doyle Brunson 在小盲位做了一个很小尺度的 3Bet，Doyle Brunson 的持牌范围约为 JJ+、KQ+，还有小部分同花连张如 76s、87s、98s、T9s。面对如此小尺度的 3Bet，Tom Dwan 手持 3♥3♦ 没有理由弃牌。

翻牌 9♦5♣9♣ 一般被认为是一个对双方来说都相对中立的牌面，Doyle Brunson 不管拿到什么牌都几乎会继续下注。而 Tom Dwan 的手牌落后于对手的大对子，但领先于 Doyle Brunson 范围内 AK、AQ、KQ 之类的高牌，Tom Dwan 处在有利位置，他选择跟注。

转牌 6♥ 总体来讲是一张对 Tom Dwan 范围更为有利的出牌，Tom Dwan 的范围里有大量的顺子或者同花听牌得到了增强。但此时 Doyle Brunson 却没有停手，继续下注接近满池。按照现代扑克理论，其实这时 Doyle Brunson 的下注尺度并不好。照理说 Tom Dwan 可以轻松地弃掉 33o 这种小对子，而用权益更高的同花或者顺子听牌以及 9X 这类顶部范围跟注，但显然 Tom Dwan 对 Doyle Brunson 范围的判断出现了问题，或者

Tom Dwan 觉得 Doyle Brunson 在大部分的河牌圈很难做到完美平衡，如果河牌发出同花或者顺子的牌面，Tom Dwan 可以通过诈唬拿下底池。

河牌 J♠ 对双方来说依旧是一张空气牌，此时，Doyle Brunson 没有过牌给 Tom Dwan 诈唬的机会，而是直接选择了全下。

在那个年代，Doyle Brunson 是属于第一流激进的玩家，但在新派牌手 Tom Dwan 眼中，Doyle Brunson 其实打得很紧。人们普遍认为，对手如果比较紧，诈唬的可能性就比较小，你应该更倾向于弃牌。但事实上，并不是所有的牌面都是如此，按照 Doyle Brunson 这类老一派牌手的打法，在这个河牌全下是完全计划中的范围，不可能是薄的价值押注，也就是说 Doyle Brunson 不会持有 QQ、KK、AA 这样的超对组合，他要么持有 87s、98s、T9s、JJ 这类坚果牌，要么持有 A♣K♣、A♣Q♣、K♣Q♣ 及一部分 AKo 空气组合，并没有 QQ、KK、AA 这类中间牌。一个过紧的玩家在一些特定的牌面下可能会过度诈唬，这听起来可能有些违反直觉，但确确实实这是现代扑克理论的基础内容。

如果说在转牌圈 Tom Dwan 跟注有待商榷，那么 Tom Dwan 在河牌圈跟注堪称现代扑克教科书式打法。首先，根据底池赔率，面对接近满池的下注，Tom Dwan 只需要每 3 次跟注 1 次，就可以达到收支平衡。因为每次跟注 1 个满池，如果成功可以赢得 2 个底池，如果失败则损失 1 个底池。现在的问题是，面对 Doyle Brunson 这样的对手，跟注 3 次能赢 1 次吗？如果前面的假设都是正确的，组合的坚果牌有 87s（4 种）、98s（2 种）、T9s（2 种）、JJ（2 种），总共 10 种。组合的空气牌有 A♣K♣、A♣Q♣、K♣Q♣、AKo（16 种），总共 19 种。显然对手的范围里有足够多的诈唬组合。最要命的问题是：来到这个河牌圈，Doyle Brunson 持 10 种可能的坚果牌会接近 100% 下注，但当持有 19 种组合的空气牌时，并不会每次都做这种大的诈唬，很多时候会选择过牌放弃。让我们保守估计，当 Doyle Brunson 持有空气牌来到这个河牌圈，有 1/3 的机会选择诈唬，那么诈唬的有效组合约为 6 种。换句话说，依据我们粗略的分析，在这个局面下，Doyle Brunson 有 6/（10+6）= 37.5% 的概率诈唬。前面说了，平均 3 次如果能赢 1 次就行。更重要的是，相较于 Tom Dwan 手中其余可能存在的抓诈组合，如 A5s、A6s，Tom Dwan 手里的 3♥3♦ 既不是 A、K 这类高牌，也不是带有梅花的牌，不能阻挡对手任何的诈唬组合，是一手完美的抓诈牌，可以跟注！也必须跟注！

第三章

Tom Dwan 去哪儿了

消失的 Tom Dwan

正当 Tom Dwan 在电视直播节目中春风得意、大杀四方之时，"黑色星期五"事件爆发，Tom Dwan 不仅失去了赞助商，原有的资本金也受到了冲击。由于与 Daniel Cates 的单挑迟迟不能继续，有人开始怀疑 Tom Dwan 是否已经破产，毕竟没有人知道 Tom Dwan 在"黑色星期五"事件中损失了多少，其间还有人传出 Tom Dwan 被三合会绑架，社交媒体上甚至曾经流行过 #saveTom（拯救 Tom）的标签。

不久后，有报道说 Tom Dwan 参与了澳门许多高额现金桌游戏，游戏的级别高达 6 000/12 000 美元，最低买入是 500 000 美元或者 1 000 000 美元，但一直没有得到证实。

直到 2016 年，Tom Dwan 被人拍到在马尼拉的地下赌场，证实了 Tom Dwan 在亚洲活动的传言。实际上，从 2010 年开始，Tom Dwan 就开始以游客身份游走于亚太地区各大鼻血级的高额现金局。有多家扑克媒体曾报道说 Tom Dwan 在澳门赢了大约 2 500 万美元。不过，Tom Dwan 本人对这些报道一概否认，他在 2+2（一个专业的扑克论坛）曾经发过这样的帖子："这些全都是胡说八道，里面只说对了一些事，大部分都是错的，根本没这回事。到我发这个帖的时候，我的澳门之行还是输钱的，不过我现在运气开始好了点。"

在这些报道过后的几年后，Daniel Cates 在一次采访中说，

第三章 Tom Dwan 去哪儿了

他看到 Tom Dwan 在一手牌暗三对撞暗三对，输掉了 2 000 万美元。

实际上，2014 年之后的很长一段时间，Tom Dwan 把全部的精力都放在了现场游戏上，很少暴露在公众的视野中。不过他在 2016 年公开现身，参加了马尼拉的第三届传奇扑克超级豪客赛，并取得了不错的成绩。

几年时间的消失依然没有影响到 Tom Dwan 的人气，在 2017 年 MBP（澳门豪客扑克）大赛的新春首战上，Tom Dwan 在澳门现身。尽管那张英俊帅气的面孔再次出现时布满了皱纹和疲惫，但立刻被全场要求合影的扑克玩家围得水泄不通，外媒更是纷纷报道："Tom Dwan 这些年都在哪儿？发生了什么？"同年，Tom Dwan 再度现身扑克节目《深夜扑克》，重新回到大众的视线中。

Tom Dwan 消失的那段时间具体的战绩一直是个谜，因为现场游戏的战绩往往被要求保密，难以统计。此外，这些年随着人工智能的发展与 Solver 解算器的普及，全世界的德州扑克水平都发生了翻天覆地的变化。老一辈的选手逐渐退出了高额桌的舞台，Linusslove、Limitless 这样的"90 后"开始成为新一代的王者，人们很好奇在这个属于 Solver 解算器和 GTO 的时代，Tom Dwan 的风格是否发生了变化，他的实力是否依然具有竞争力。随着德州扑克在亚洲的推广，高额桌的比赛环境也发生了翻天覆地的变化，越来越多的亚洲玩家开始加入这个游戏。而 Tom Dwan 作为在亚洲知名度最高的扑克明星，自然被年轻的亚洲玩家们当成挑战的对象。

随着 Tom Dwan 的复出，上述问题的答案也很快便浮出水面。10 年过去了，Tom Dwan 依旧是那个造池机器，尽管他的翻牌前的范围依旧比较随意，但他的翻牌后技术相对大多数人依然具有优势。尽管 Tom Dwan 对于 GTO 策略的熟悉程度明显不如新生代的年轻玩家，Tom Dwan 自己也多次在采访中承认现在的牌手普遍水平更高，但多年现场比赛的经验让他对现场马脚的感知远远超过这些习惯于在电脑面前点鼠标的年轻人。只要上了牌桌，Tom Dwan 依旧是高额德州扑克赛中没人可以轻视的玩家，他的从容与自信并没有随着时间的推移有任何改变。

Tom Dwan 对战 Wesley 利用马脚的极限抓诈

Wesley Flan，华裔德州扑克玩家，是一家投资公司 Infinite Decentralization Capital（IDC）的创始人，拥有一个加密对冲基金和加密初级基金，同时还从事比特币挖矿业务。

这手牌在翻牌前有一个小伏笔。翻牌前坐在 Wesley 身旁的 Doug Polk 不小心看到了 Wesley 的手牌，Wesley 对 Doug Polk 反复确认了这一点，并要求 Doug Polk 弃牌。虽然 Doug Polk 承认了并果断弃掉了自己的手牌，但这一小小的插曲还是为后来的

第三章　Tom Dwan 去哪儿了

大底池埋下了一个伏笔。在这手牌中，Doug Polk 看到了 Wesley 的手牌，却碍于位置原因，不得不继续夹在两人之间，处境实属尴尬，他必须尽最大努力不向牌局中的任何一位玩家露出任何马脚。

Tom Dwan 对战 Wesley

牌局进程

翻牌前：Hank（同样是一位华裔玩家）在劫持位用 A♥ 8♣ 加注到 7 000 美元，Wesley 在庄位用 A♦ K♥ 进行 3Bet 加注到 30 000 美元，Tom Dwan 在其身后拿着 Q♠ Q♣ 4Bet 加注到 100 000 美元。Hank 弃牌，Wesley 5Bet 加注到 275 000 美元，Tom Dwan 跟注。底池来到了 562 000 美元。

翻牌：3♦ 8♠ 8♦

Wesley 下注 125 000 美元，Tom Dwan 跟注。底池再一次膨

胀到了 812 000 美元。

转牌：5 ♥

Wesley 的牌力仍然停留在 A 高牌，他又下注了 350 000 美元。这让 Tom Dwan 陷入了短暂的困惑，然而最终他还是选择了跟注。底池已经来到了 150 万美元。

河牌：6 ♣

Wesley 稍作思考，选择全下 786 000 美元。紧接着他把头埋到衣服里，不希望自己的表情给 Tom Dwan 留下任何可能被阅读的马脚。

Wesley 全下后把头埋在衣服里

Tom Dwan 再次面临考验，他需要做出一个艰难的决定。对手的全下代表着 AA、KK 或者 8X，当然也可能是 AK 之类的诈唬牌，重要的是，这是一个 7 位数的底池。深思熟虑后，他勇敢地跟注并拿下了 310 万美元的底池——德州扑克电视直播历史上最大的底池。

牌局分析

这手牌双方翻牌前的动作都比较常规，Wesley 选择用 AK 做 5Bet，这与他一贯谨慎的风格并不一致。而面对一个超过 500BB 的底池，Tom Dwan 显然无法用 QQ 全下，如果用 QQ 全下（只能被 AA、KK 和 AKs 跟注），考虑到 Wesley 谨慎的风格和超深的后手，Tom Dwan 最终选择用 QQ 跟注对手的 4Bet。

翻牌 3♦8♠8♦ 显然没有击中双方的范围，翻牌前领先的一方大概率依然领先，Wesley 继续下注，Tom Dwan 在这时依旧没有理由弃牌，选择了跟注。

转牌 5♥ 依然可以认为是一张空气牌，Wesley 并没有停手的意思。此时，Tom Dwan 的 QQ 已经彻底沦为一手抓鸡的边缘手牌，但考虑到 Wesley 的形象和翻牌前的伏笔（为什么 Wesley 会反复确认 Polk 是否看到了自己的手牌并要求 Polk 弃牌？如果 Wesley 拿到的是 AA、KK，Polk 是否弃牌对 Wesley 来说意义不大，除非 Polk 在翻牌后击中 2 对以上；但如果 Wesley 拿到的是 AK，Polk 的很多手牌，比如口袋对子、同花连张，对 AK 都有着不错的胜率），Tom Dwan 选择继续跟注，并期望对手在河牌圈摊牌。

河牌 6♣ 依旧是一张空气牌，Wesley 并没有停手，几乎没有太多思考便选择全下。此时底池已经膨胀到了 200 多万美元，如果 Tom Dwan 跟注，他将再次创造并赢得电视直播史上的最大底池。而此时 Tom Dwan 多年现场比赛的经验给了他巨大的帮助，即便面对电视直播史上最大的底池，Tom Dwan 也没有太大的压力，稍作思考后，便选择了跟注。

事后，他对自己的多年好友 Phil Galfond 谈到了在河牌圈跟注的原因。Tom Dwan 觉得"Wesley 的全下速度太快了。即便他拿到的是 AA、KK，他也要考虑一下我的手牌范围是否有慢打的 AA，或者三条之类的东西。"

显然，获得正确答案的方法有很多，GTO 是一种，捕捉时间马脚和语言马脚也是一种。

Tom Dwan 对战 Stanley Tang

Stanley Tang 是 DoorDash（美国版美团）创始人，毕业于斯坦福大学，典型的硅谷精英，美籍华裔富豪。近年来多次出现在高额锦标赛与电视直播中，并与 Tom Dwan 一起奉献了多个精彩的比赛场面。

这手牌来自《高额德州》第九季。

牌局进程

翻牌前：盲注级别 500/1 000 美元。Stanley Tang 在抓位（Straddle，大盲位的后一位置，在此位置的玩家自愿投入多倍于大盲注的筹码，相当于换走了大盲的位置）投入 2 000 美元盲注，Tom Dwan 用 Q♣10♦ 在关煞位开池加注到 5 000 美元，Jason Koon 在小盲位用 A♣3♣ 跟注，Stanley Tang 用 10♠7♠ 也跟注进来。底池：17 000 美元。

翻牌：J♥8♠Q♠

翻牌对 Tom Dwan 和 Stanley Tang 来说都还不错。前面两人过牌，轮到了最初的加注者 Tom Dwan。Tom Dwan 击中了顶对和一个卡顺，选择继续下注 60% 底池。Jason Koon 弃牌，Stanley Tang 用他的同花加卡顺听牌加注到 30 000 美元，Tom Dwan 跟注。底池：77 000 美元。

转牌：2♣

Stanley Tang 继续下注 40 000 美元，Tom Dwan 再次跟注。底池来到 157 000 美元。

河牌：9♠

河牌不仅让 Stanley Tang 击中了同花，而且还给了 Tom Dwan 顺子。Stanley Tang 下注 125 000 美元（80% 底池）。Tom Dwan 陷入长时间思考，最终还是选择了跟注。年轻的硅谷精英从扑克偶像那儿赢得了价值 407 000 美元的底池。

德州扑克 Tom Dwan 经典牌例解析

Tom Dwan 对战 Stanley Tang

牌局分析

翻牌前，Tom Dwan 在关煞位用 Q♣10♦ 进行翻牌前加注与 Stanley Tang 用 10♠7♠ 进行抓位盲注防守都是标准动作。这手牌在翻牌圈开始变得很有趣，两人都获得了不错的听牌：Tom Dwan 有顶对和卡顺听牌，而 Stanley Tang 有一个组合听牌（同花听牌+卡顺子听牌）。

Tom Dwan 进行标准的持续下注，然后 Stanley Tang 过牌加注。对 Tom Dwan 来说，这是个潮湿的翻牌，对手的过牌加注的范围里有各种组合听牌（例如，Stanley Tang 手里的 10♠7♠ 可以过牌加注），自己的顶对依然具有不错的权益，没有理由弃牌，于是选择跟注。

转牌是一张空气牌，Stanley Tang 继续下注半池左右。由

第三章 Tom Dwan 去哪儿了

于公共牌结构没有任何改变，Tom Dwan 再次跟注。老实说，Stanley Tang 的半池下注并不好，相当于用极化的范围匹配了一个中等的下注尺度，Tom Dwan 范围内任意领先的牌都不会弃牌。相比职业选手，Stanley Tang 在这时显示出他的业余了。

河牌对 Stanley Tang 来说几乎是完美的，因为它不仅让他有了同花，也让 Tom Dwan 有了顺子。同时，Stanley Tang 80% 底池的下注也是完美的。如果 Stanley Tang 选择全下，Tom Dwan 虽然拥有顺子也会毫不犹豫地弃牌。

实际上，大部分业余玩家在这个牌面上都缺乏诈唬的勇气，因为大部分业余玩家在翻牌圈过牌加注的诈唬范围都是由同花听牌和顺子听牌组成的。Stanley Tang 要想在河牌圈拥有足够的诈唬，必须在翻牌圈的过牌加注中有 ATo、A9o 这类后门同花听牌，但 Tom Dwan 还是跟注了，因为他觉得 Stanley Tang 如果有顺子还是会继续下注，自己用 Q♣10♦ 跟注有一定的概率拿到一半的底池。

尽管这手牌 Tom Dwan 输给了 Stanley Tang，但很快在同一季的比赛中，Tom Dwan 用一手漂亮的抓诈找回了场子。

牌局进程

翻牌前：盲注级别依然为 500/1 000 美元，有效筹码量为 193BB。

Jason Koon 在枪口位用 10♣7♣ 加注到 2 500 美元，Stanley

Tang 在中间位置用 10♠2♠ 跟注。当轮到 Tom Dwan 行动时，他在小盲位用 Q♣Q♥ 3Bet 到 13 000 美元，Jason Koon 弃牌，Stanley Tang 选择跟注。底池：32 500 美元。

翻牌： 4♦ 2♥ 7♦

Tom Dwan 继续下注 68% 底池来保护他的超对。Stanley Tang 击中低对，决定看一下转牌。底池：76 500 美元。

转牌： J♦

对于 Tom Dwan 来说这是一张惊悚牌，J♦ 击中了 Stanley Tang 翻牌圈跟注范围里非常多的听花组合。Tom Dwan 过牌，Stanley Tang 借此机会夺过主动权，向 76 500 美元的底池中下注 40 000 美元。Tom Dwan 过牌跟注。底池：156 500 美元。

河牌： 7♥

这张河牌对 Tom Dwan 来说又是一张不愿意看到的牌，原本对手可能击中暗三条，如今却提升为葫芦，而且明三条也能击败他，Tom Dwan 依旧选择过牌。

Stanley Tang 只有下注才能赢得底池，他全下 116 000 美元。然而这个全下是 74% 底池，Tom Dwan 陷入沉思。最终他做了一个漂亮的跟注，赢得了 389 500 美元的底池。

牌局分析

我们常说，翻牌前的范围是一切分析的基础。这手牌就是一个典型的例子。Tom Dwan 在小盲位拿到口袋对 Q，这时做挤压

第三章　Tom Dwan 去哪儿了

是一定的，唯一的问题是挤压的大小。考虑到 Stanley Tang 是一个喜欢"看三张"的玩家，Tom Dwan 做了一个 5.6 倍的挤压。如 Tom Dwan 所料，Jason Koon 弃牌，Stanley Tang 用 T2s 做了很松的跟注。

翻牌对于 Tom Dwan 的超对来说是很棒的，在较低的 SPR 下，Tom Dwan 选择了下注 70% 底池，这是个几何尺度的下注，Tom Dwan 希望在转牌圈和河牌圈下注同样的尺度从而最大化自己的 EV。Stanley Tang 翻牌击中对子，所以也没有理由弃牌，毕竟 Stanley Tang 有可能领先 Tom Dwan 范围的一些高牌组合，例如 AK、AQ、KQ。

转牌听花的牌成了，Tom Dwan 选择过牌，并且跟注了 Stanley Tang 半个底池多一点的下注。对 Tom Dwan 来说，Stanley Tang 翻牌圈跟注的范围内的确有一些听花的组合，但考虑到 Stanley Tang 过于宽泛的翻牌前范围，同花组合的占比很小。此外，这时 Stanley Tang 的下注尺度只有半池，并不是一个极化的范围，除了同花，Stanley Tang 还有可能是任意的一个对子，希望通过半池下注，阻止 Tom Dwan 手中的一些 AK、AQ，以实现自己的权益。Tom Dwan 的 QQ 这时大概率还是领先的，所以选择了跟注。

河牌出现公对面，现在 Tom Dwan 的超对不仅会输给同花，还可能遇到葫芦和明三条。Stanley Tang 手牌范围内的许多组合现在都能击败他。当 Stanley Tang 宣布全下时，Tom Dwan 面露难色。这时 Stanley Tang 全下的范围是极度极化的，代表拥有三条以上的牌力。Tom Dwan 手中的牌，并没有阻挡对手任意的价值组合，但依旧能击败 Stanley Tang 手中一些破产的顺子，例如 65s、A3s、53s，以及一些对子转成的诈唬牌。但好在这时 Stanley Tang 只有 74% 底池的后手，所以 Tom Dwan 有很好的底池赔率去做一个跟注。Tom Dwan 并不需要每次都赢下底池，他只需要每 4.5 次赢下 1 次底池便可，这足以支持他做这个艰难的跟注。这也是 Tom Dwan 在思考了大约一分半钟后，做了一个精彩跟注的原因。

又见 27o 诈唬

　　Tom Dwan 在亚洲以"诈唬之王"闻名，许多亚洲选手都喜欢在对阵 Tom Dwan 时"以其人之道还治其人之身"。之前 Wesly 和 Stanley Tang 都曾经尝试过对 Tom Dwan 进行诈唬，但两人总体上打牌还算中规中矩。然而，在接下来介绍的这场对局中，另一位华人玩家 Rui Cao，也是 Tom Dwan 的粉丝，为了击败 Tom Dwan 可谓不计成本，这也造就了一个让人啼笑皆非的名场面。

　　这场对局发生在韩国济州岛，盲注级别 1 000/2 000 欧元，无限注德州扑克现金游戏，桌上有 Tom Dwan、Tony G、Timothy Adams 和 Rui Cao 等玩家。牌局规定有 27o 奖励（拿着

27o赢下底池，桌上其他玩家每人需额外支付10 000欧元作为奖金）。

牌局进程

翻牌前：Tony G在抓位投入盲注，游戏级别实际上变成了2 000/4 000欧元。

Tom Dwan在关煞位拿到7♣2♠，Tony G在抓位盲注与27o奖励的存在让Tom Dwan偷盲的收益大大提高，Tom Dwan加注到12 000欧元，试图直接拿下底池，但遭到了Rui Cao在庄位的阻击。Rui Cao手握8♣7♥选择3Bet到36 000欧元，所有人都弃牌，除了Tom Dwan，他决定用这手牌去争取额外奖励。底池：83 000欧元。

翻牌：A♦5♥Q♠

两人单挑，Tom Dwan过牌，Rui Cao继续下注30 000欧元。Tom Dwan做了一个大的过牌加注到126 000欧元，旨在立刻拿下底池，但是Rui Cao跟注。底池：335 000欧元。

转牌：A♣

Tom Dwan继续下了一个大注160 000欧元，但是Rui Cao还是选择用自己的空气牌跟注！底池：655 000欧元。

河牌：A♠

Tom Dwan过牌放弃。Rui Cao只有8高牌，他只有诈唬这条路，因此全下239 000欧元。Tom Dwan除了弃牌别无选择，

Rui Cao 亮出了自己的 87o，并拿下这个 894 000 欧元的大底池，全桌的气氛瞬间被点燃了。

Tom Dwan 在直播中再一次尝试用 27o 诈唬

牌局分析

由于 Tom Dwan 在后位拿到了 27o，而赢下底池每位玩家都会额外支付 10 000 欧元，可以理解他想要直接偷得底池。然而，Tom Dwan 却遇到了在庄位选择 3Bet 诈唬的 Rui Cao。Tom Dwan 可以在这时候弃牌，但他决定看一下翻牌，并尝试得到奖金。

A 高的翻牌更有利于翻牌前做 3Bet 的玩家，因此 Rui Cao 做了一个持续下注。考虑到很多玩家在 3Bet 后会在 A 高牌面做全范围下注，而 Tom Dwan 想拿下底池的方式也只有过牌加注，

第三章 Tom Dwan 去哪儿了

Tom Dwan 决定冒险尝试一下，通过过牌加注 4 倍筹码来试图直接拿下底池，可惜并没有奏效，被 Rui Cao 神奇地用空气牌跟注。

当转牌又发出一张 A 时，考虑到底池里有那么多钱，Tom Dwan 继续扮演拥有大牌，下注半个底池。然而，Rui Cao 并没有如他所愿，再次用 8 高牌做出不可思议的跟注！值得注意的是，此时 Rui Cao 只剩下 1/3 底池左右的后手。Tom Dwan 觉得 Rui Cao 不会再有弃牌率，于是弃牌了。

显然，这是一个不那么严肃的对局，从游戏规则里就可以感知到。他们制定了每个玩家支付 10 000 欧元的奖金给用 27o 获胜的玩家，这意味着玩家拿 27o 赢下底池，可以拿到不错的 60 000 欧元的额外收入。Tom Dwan 自身的光环效应遗憾地在这里起到了副作用，27o 的额外收益，是这场荒谬对局的诱因，它让 Tom Dwan 产生了冒险的念头，强迫自己做出更多的诈唬，而 Tom Dwan 的光环效应让对手也变得胆大而顽固。大家都知道 Rui Cao 是个很疯狂的玩家，会做大的跟注及诈唬，但显然 Tom Dwan 还是低估了亚洲粉丝为了战胜自己的决心。如果是对抗另一名对手，这个诈唬可能会成功，但是对抗像 Rui Cao 这样的狂热分子，这显然是一个糟糕的决定。不过对一旁"吃瓜"的群众而言，显然这种疯狂的名场面很受喜欢。

Tom Dwan 对战 Elton Tsang

Elton Tsang，加拿大籍香港商人，中文名字曾家伟。他创办并组织了中国澳门首届现场扑克锦标赛，曾是电视扑克历史上最大底池的得主（2 090 000 欧元）。

这手牌发生在传奇扑克高额桌上。

牌局进程

翻牌前：盲注级别 3M/6M，抓位盲注 12M（M 为百万，筹码单位为韩元）。Tom Dwan 在枪口位 +1 位拿着 A♣ Q♥ 加注到 40M，Elton Tsang 在枪口位拿着 4♥ 4♣ 在已经投入抓位盲注的基础上补齐筹码进行跟注。底池：95M。

翻牌：6♠ 10♣ 5♣

Elton Tsang 过牌，Tom Dwan 下注 70M，Elton Tsang 跟注。底池：235M。

转牌：3♣

Elton Tsang 下注 150M，Tom Dwan 全下 775M，Elton Tsang 弃牌。

牌局分析

翻牌双方都没有击中自己的手牌，Tom Dwan 选择用 A♣ Q♥ 继续下注，考虑到 Elton Tsang 这时的范围比标准策略更宽，带

第三章 Tom Dwan 去哪儿了

有后门同花听牌的 AQ 可以 100% 下注。

转牌 3♣ 让牌面的权益分布发生了一定程度的改变，Elton Tsang 拥有更多的对子，Tom Dwan 则在超对方面更有优势，双方都有一定比例的同花组合。Elton Tsang 在这时的标准策略依旧是全范围过牌，但 Elton Tsang 选择反主动下注，虽然一定可以阻止 Tom Dwan 的一部分双高牌实现底池权益，但也给 Tom Dwan 的超对和同花听牌带来了更大的收益。由于手握 A♣Q♥，Tom Dwan 可以选择跟注，但好的牌手，往往会最大化剥削对手。Tom Dwan 利用 A♣ 的阻挡效用，果断选择全下，迫使对手弃牌，干净利落地拿下了这个底池。

Tom Dwan 对战 Elton Tsang

当然，除了面对亚洲玩家，复出后的 Tom Dwan 在高额桌还是遇到了一些老对手，也续写了许多恩怨传奇。

Tom Dwan 再战 Doyle Brunson 熟悉的剧本，不一样的剧情

老辣的 Doyle Brunson 曾经在早期德州扑克高额桌节目中数次击败当时风头正劲的 Tom Dwan，其中最经典的莫过于 Doyle Brunson 曾经用一手 T9s，翻牌前 3Bet 并在翻牌圈击中三条后连续下注 3 条街，狠狠地打击了当时风头正劲的 Tom Dwan。随着 Tom Dwan 的复出，熟悉的剧本在 10 年后再现，只不过角色互换了位置，这次是 Tom Dwan 击中了三条，并且轻松跟注了老爷子的 3 条街下注，拿下了一个接近 7 万美元的底池。

值得一提的是，这也是老爷子最后一次在德州扑克高额桌上露面，不久后 Doyle Brunson 就因病逝世，享年 89 岁。这位扑克传奇人物在生命的最后一刻还奋战在自己钟爱的德州扑克上。

牌局进程

翻牌前：盲注级别 200/400 美元，前注 400 美元。

Tom Dwan 在关煞位用 J♠5♠ 加注到 1 200 美元，Doyle Brunson 在庄位拿着 8♣6♣ 3Bet 到 4 500 美元，Tom Dwan 跟注。底池：10 000 美元。

翻牌：J♣8♦J♦

Tom Dwan 过牌，Doyle Brunson 下注 3 000 美元，Tom Dwan 跟注。底池：16 000 美元。

第三章 Tom Dwan 去哪儿了

转牌：Q♥

Tom Dwan 过牌，Doyle Brunson 下注 6 000 美元，Tom Dwan 跟注。底池：28 000 美元。

河牌：Q♦

Tom Dwan 过牌，Doyle Brunson 下注 20 000 美元，Tom Dwan 赢下了这个 68 000 美元的底池。

Tom Dwan 对战 Doyle Brunson

牌局分析

这是一场双方都知根知底的较量。Tom Dwan 在关煞位用 J♠5♠ 开池，显然这个范围有些过宽了，而 Doyle Brunson 发现了这一点，在有利位置用 8♣6♣3Bet，希望在翻牌前直接拿下这个底池。但 Tom Dwan 很显然也明白 Doyle Brunson 的心思，并不愿意轻易放弃底池，考虑到 Doyle Brunson 极化的 3Bet 范围，Tom Dwan 选择跟注。

翻牌 Tom Dwan 幸运地击中了三条，考虑到这是个对 Doyle Brunson 有利的牌面，Tom Dwan 选择全范围过牌。而 Doyle Brunson 在这时击中了一对 8，选择继续下注 1/3 底池，希望能够让 Tom Dwan 范围内的一些双高牌弃牌。Tom Dwan 在这时可以选择跟注或者加注，考虑到 Doyle Brunson 极化的 3Bet 范围以及 Doyle Brunson 一贯激进的风格，Tom Dwan 在思考后选择了跟注，希望 Doyle Brunson 范围内的一些空气组合在转牌圈和河牌圈继续诈唬。

转牌发出 Q♥，Doyle Brunson 在 Tom Dwan 过牌后，选择下注 40% 底池。这是一个不常见的下注尺度，代表着拥有一对 Q 以上的牌力。考虑到 Tom Dwan 在翻牌圈的跟注范围有大量起手对子和同花听牌，这个尺度可能会让 Tom Dwan 范围内的一些小的口袋对子陷入纠结。对于 Tom Dwan 来说，Doyle Brunson 的两次下注代表他拥有一定的牌力，完全的空气牌组合已经不多，Tom Dwan 可以选择加注，让 Doyle Brunson 范围内的一些 AA、KK、AK 陷入纠结，并且向一切后门听牌如 KTs、AKs 收取价值；也可以选择继续过牌跟注，期望 Doyle Brunson 为数不多的空气组合继续诈唬。经过一番思考，Tom Dwan 选择了后者，决定继续跟注。

事实证明 Tom Dwan 是正确的，Doyle Brunson 在转牌圈用成牌 8X 继续下注后，河牌又发了一张 Q，这让 Doyle Brunson 的手牌彻底失去摊牌价值。Tom Dwan 继续过牌，而此时 Doyle Brunson 开始纠结了。由于 Tom Dwan 在转牌圈跟注的范围内存在着大量的如 QTs、Q9s，以及一部分慢打的 JX，这让 Doyle Brunson 的 AA、KK 在河牌圈难以继续下注。如果 Doyle Brunson 继续下注，代表其价值范围内只有 AQ、QX、QQ，以及 JX 等少量的价值组合，而自己的 86 又阻挡了 Tom Dwan 手中一部分弃牌组合。经过一番纠结之后，Doyle Brunson 还是开出了第三枪，也许 Doyle Brunson 觉得 Tom Dwan 手牌范围内的 JX 大多会在翻牌圈或者转牌圈加注，而自己这时下注可以让 Tom Dwan 的一部分 99、TT，以及同花听牌弃牌。不过很遗憾，这次 Tom Dwan 击中了葫芦，毫不意外地抓鸡成功。

Tom Dwan 对战 Phil Hellmuth　10 年后的相会

在线上的 Durrrr 百万美元挑战赛被无限期推迟后，Tom Dwan 已经好久没有出现在单挑局的对战中。事实上，在德州扑克单挑游戏被人工智能 Libratus 攻克之后，单挑这种游戏形式本身也越来越少了，毕竟很少有人喜欢去研究一项人类无法战胜的游戏。但在 2020 年，Tom Dwan 参加了一个 PokerGO 举办的名为《高额对决》(*High Stakes Duel*) 的电视节目，所有参赛的选手将进行无限注德州扑克的单挑比赛，而 Tom Dwan 的第一个对手就是扑克界的另一位传奇人物 Phil Hellmuth。

Phill Hellmuth 曾创纪录地赢得 17 条 WSOP 金手链，并于 1989 年和 2012 年两次夺得 WSOP 主赛事的冠军，2007 年入选 WSOP 扑克名人堂。他被广泛认为是有史以来最伟大的锦标赛玩家之一。Tom Dwan 与 Phil Hellmuth 的这场对战买入为 10 万美元。在这场比赛之前，Phil Hellmuth 已经在《高额对决》的比赛中连胜 7 场，并累计赢得了 75 万美元的奖金。

两人曾在 2008 年全美单挑对决扑克锦标赛中有过一场激烈的交锋，那时 Tom Dwan 还是个初出茅庐的毛头小子，而 Phil Hellmuth 已经是拿下多条 WSOP 金手链的扑克明星。Tom Dwan 在比赛中用 TT 战胜了 Phil Hellmuth 的 AA，赢得了比赛。无法接受现实的 Phil Hellmuth 当场站起教训 Tom Dwan："孩子，我会跟你说，我是不会用 TT 投入 3 000 记分牌的。"Tom Dwan 两手一摊表示："你玩得很好，但很抱歉我反超你了。"Phil Hellmuth 继续说道："你拿着两张 10 打了 2 万分，在线上你这样玩就会输钱。"Tom Dwan 则继续回击道："因为这是单挑赛，我说过多次了，我很抱歉反超你了，你玩得很好。"Phil Hellmuth 并没有打算放过 Tom Dwan，继续教训道："孩子，你打得太烂了，你用两张 10 打了 2 万分，这打得也太烂了。你这是为了单挑我吗？你就承认你打得太烂了吧。"而 Tom Dwan 最后没有耐心地说道："是很标准的打法。"最后 Phil Hellmuth 无法忍受

第三章　Tom Dwan 去哪儿了

一个毛头小子不接受自己的教训，暴怒地诅咒道："我们就看看 5 年后你还在不在。"

10 多年过去了，Tom Dwan 不仅还在，而且名气热度远远超过了 Phil Hellmuth，这让 Phil Hellmuth 一直耿耿于怀。遗憾的是，这次的再相遇依然和上次一样，Phil Hellmuth 整场都被 Tom Dwan 压制，并最后以一手 AA 出局结束了比赛。

Tom Dwan 对战 Phil Hellmuth

也许是有意有针对性地进行调整，整场比赛 Phil Hellmuth 的打法都显得比较被动，多次在河牌圈弃牌。

下面是双方这场比赛中很有代表性的一手牌。

牌局进程

翻牌前：盲注级别 300/600 美元，有效筹码为 320BB。

Phil Hellmuth 手持 10♥10♦ 在小盲位跟注 300 美元，Tom Dwan 手持 K♣4♣ 随后过牌。底池：1 200 美元。

翻牌：J♣ 3♣ 9♥

Phil Hellmuth 下注 1/2 底池 600 美元，Tom Dwan 用同花听牌加注到 2 500 美元，Phil Hellmuth 跟注。底池：6 200 美元。

转牌：Q♠

Tom Dwan 下注接近一个底池 5 200 美元，Phil Hellmuth 继续跟注。底池：16 600 美元。

河牌：6♣

Tom Dwan 下注 8 700 美元，大约半个底池。Phil Hellmuth 无奈地选择弃牌。

牌局分析

这手牌大概是整个牌局的缩影，Phil Hellmuth 多次跟注、弃牌，虽然大多数时候在河牌圈的弃牌是正确的，但是很多时候 Phil Hellmuth 过于被动的打法让 Tom Dwan 的手牌最大限度地实现了自己的权益，并且多次在河牌圈反超 Phil Hellmuth。

也许是接连的弃牌让 Phil Hellmuth 逐渐失去了耐心，在下面这手牌中，Phil Hellmuth 在河牌圈用第三大的对子跟注了

Tom Dwan 的满池下注但遭到重创，彻底失去了翻身的希望。

牌局进程

翻牌前：盲注级别 1 000/2 000 美元。

Phil Hellmuth（后手筹码 104 000 美元）手持 7♠6♥ 溜入底池。溜入策略在多人桌游戏中一般被认为是很糟糕的策略，但在单挑对决中并非如此。Phil Hellmuth 这时采用溜入策略可能是认为自己在翻牌后的游戏中相对 Tom Dwan 有优势。当你认为自己面对对手时更有优势，你应该尽可能多地对抗他，这也就意味着第一步你得花较小的代价看翻牌，这是最大化剥削策略的一种。显然，Phil Hellmuth 对自己翻牌后优势的判断有些失误。

Tom Dwan 手持 10♠9♥（后手筹码 96 000 美元）过牌。

翻牌：6♦ J♦ 3♥

Tom Dwan 继续过牌，Phil Hellmuth 击中了一对 6。对于单挑局来说，Phil Hellmuth 的手牌还是不错的，因为双方的范围都很宽，中对在单挑中的牌力远比在满员桌中强。Phil Hellmuth 可以在这时下注保护自己的手牌，阻止 Tom Dwan 范围中的高牌实现自己的权益。即使被 Tom Dwan 加注，Phil Hellmuth 也可以轻松地继续下去，因为这是单挑游戏，Tom Dwan 的加注范围会比平时宽得多，但 Phil Hellmuth 并没有这么做，他选择后位过牌。

转牌：Q♠

Tom Dwan 下注 3 000 美元。对于 Phil Hellmuth 而言，他手中的对子又多了一个帽子，但牌面非常复杂，有很多各种各样的听牌可能，加注起不了太大作用，Tom Dwan 会用领先的成手牌和高胜率听牌做跟注，跟注是在这时唯一合理的动作。

河牌：8♦

Tom Dwan 有很多在转牌圈做诈唬的牌的牌力，现在在河牌圈得到了提升，如顺子和同花听牌。当然 Tom Dwan 还是有很多错过的听牌和垃圾牌会在河牌圈做诈唬。

Tom Dwan 下注 8 000 美元，基本上是一个满池下注，代表了一个非常极化的范围，要么是两对以上的牌，要么就是在诈唬。Phil Hellmuth 需要判断对手到底有没有击中牌。如果 Tom Dwan 下一个小一点的注，那么他可以放宽价值下注范围至更多的边缘成手牌，如中 8 或带弱踢脚的 JX。

Phil Hellmuth 如果持有阻断 Tom Dwan 价值范围的手牌，例如一张方片，那么他的决定会相对来说简单一些。但遗憾的是 Phil Hellmuth 的手牌实际上阻断了 Tom Dwan 的诈唬，而不是他的有潜在价值的手牌，弃牌显然是更明智的选择。然而，Phil Hellmuth 最终选择了跟注，Tom Dwan 立即亮出了自己的手牌 10♠9♥，他击中了顺子。

牌局分析

如果 Phil Hellmuth 选择在翻牌圈下注的话，那么这手牌的结果可能完全不同。显然，Phil Hellmuth 觉得自己在翻牌圈过牌后 Tom Dwan 会在转牌圈与河牌圈过度诈唬，所以主动选择了过牌。也许 Phil Hellmuth 的判断是对的，但任何剥削性质的策略一旦出现错误，结局都是灾难性的。

Tom Dwan 对战 Garrett Adelstein

Garrett Adelstein 是美国著名的德州扑克现金桌职业牌手，曾长期担任著名扑克培训机构 Run It Once 教练。此外，他还参加过美国著名真人秀《幸存者》生存挑战赛。

这手牌是在 Hustler Casino Live 的超级高额常规桌游戏中打出的，参与者包括 Tom Dwan、Phil Ivey、Matt Berkey、Garrett Adelstein、Dylan 和 Krish 等。算得上是一场神仙对决。

牌局进程

翻牌前：6 人桌，盲注级别 200/400 美元。

Tom Dwan 用 J♠J♥ 在枪口位加注到 1 200 美元，Garrett Adelstein 用 A♦Q♦ 在关煞位跟注，其他人都弃牌了。底池：3 400 美元。

翻牌：4♥ 10♣ J♦

Tom Dwan 击中顶三条，而 Garrett Adelstein 有两张大牌和

一个坚果的顺子听牌。

Tom Dwan 没有继续下注，而是过牌，Garrett Adelstein 下注了 1 500 美元（44% 底池），Tom Dwan 跟注。底池：6 400 美元。

转牌：K♠

Garrett Adelstein 击中了他想要的顺子。Tom Dwan 再次过牌，Garrett Adelstein 下注 5 000 美元（78% 底池），Tom Dwan 再次跟注。底池：16 400 美元。

河牌：J♣

河牌是一张劲爆的牌，让 Tom Dwan 击中了四条！他第三次过牌。Garrett Adelstein 进行了 25 000 美元（1.5 倍底池）的超额下注。

Tom Dwan 思考了几秒钟，然后加注到 68 000 美元，这让 Garrett Adelstein 深陷困境。在足足思考了 4 分钟之后，Garrett Adelstein 选择了弃牌，而 Tom Dwan 赢得了一个 109 000 美元的底池。

牌局分析

这是一手典型得冤家牌相撞，而大部分的冤家牌往往是以一个不常见的翻牌前动作开始的。Garrett Adelstein 在关煞位用 AQs 跟注了 Tom Dwan 在枪口位的开池加注。通常在 6 人桌上，AQs 更标准的做法是进行 3Bet。Garrett Adelstein 跟注的原因，可能是希望把某个"鱼"玩家带入底池。（试想一下，如果这时

Garrett Adelstein 3Bet 而 Tom Dwan 4Bet，这手牌可能在翻牌前就已经结束了。）

翻牌 Tom Dwan 击中了顶三条，考虑到 Garrett Adelstein 奇怪的跟注范围以及凶悍的风格，Tom Dwan 决定过牌慢打，以保护自己的过牌范围。Garrett Adelstein 有两高牌和一个顺子听牌，如果 Tom Dwan 采用的是全范围过牌的策略，Garrett Adelstein 这时下注和过牌的 EV 都是相同的。但显然，在 Garrett Adelstein 眼里，Tom Dwan 的过牌范围没有那么坚固，Garrett Adelstein 选择下注半池左右，希望给予 Tom Dwan 范围内一些被盖帽子的口袋对子，如 99、88 一些压力。Tom Dwan 没有选择过牌加注，因为他的 JJ 阻挡了 Garrett Adelstein 绝大多数的价值组合，而且他明白 Garrett Adelstein 是个有能力用一些空气牌做出 3 条街诈唬的玩家。

转牌 K♠ 让牌面进一步复杂化，Garrett Adelstein 拿到了坚果牌，Tom Dwan 再次过牌，继续他的慢打。Garrett Adelstein 开出第二枪，下注 78% 底池，这时的标准策略是超池下注，但 Garrett Adelstein 选择下注 3/4 底池的尺度，显然 Garrett Adelstein 觉得 Tom Dwan 范围内的一些边缘手牌要多于 GTO 的标准策略。Tom Dwan 依旧选择跟注，因为 Tom Dwan 清楚 Garrett Adelstein 连开两枪的范围并没有太多边缘的组合，这时过牌加注也许会从 Garrett Adelstein 的一些 QK 牌上拿到价值，但如果被再加注，结果是灾难性的。

河牌 J♣ 让 Tom Dwan 击中四条，他再次选择过牌。Garrett Adelstein 决定超额下注，这个尺度展示了 Garrett Adelstein 的专业水平，1.5 倍大小的下注会让 Tom Dwan 所有三条以下牌力的组合都陷入纠结。思考了几秒钟后，Tom Dwan 进行了再加注反击，轮到 Garrett Adelstein 进入长时间思考了。在河牌圈过牌加注且超池下注是实力的极端表现，价值范围以葫芦为主，Garrett Adelstein 思考了足足 4 分钟后，做出了正确的弃牌决定。在 Garrett Adelstein 眼里，即便是 Tom Dwan 也很难在这个牌面做出足够的诈唬。

这是一个标准的冤家牌，但 Garrett Adelstein 还是将损失控制在最小，毕竟在德州扑克的世界里，少输的部分就是玩家盈利的来源。两个非常强大的牌手在鼻血级游戏中相撞，注定是一场精彩的对决。

Tom Dwan 对战 Garrett Adelstein

除了这一次，Garrett Adelstein 与 Tom Dwan 还在其他高额桌进行了多次精彩的对局，双方多次用一些边缘组合展示了极限的进攻与防守。以下是另一手牌。

牌局进程

翻牌前：盲注级别 500/1 500 美元，前注 500 美元。

Menon 在枪口位用 A♥ Q♦ 加注到 3 000 美元。Garrett Adelstein 在关煞位拿着 A♦ 6♦ 跟注，Tom Dwan 在庄位用 A♠ J♥ 3Bet 到 15 000 美元，其余两位玩家跟注。底池：47 500 美元。

翻牌：K♣ 6♠ 5♣

两位玩家过牌，Tom Dwan 下注 25 000 美元，Garrett Adelstein 跟注。底池：97 500 美元

转牌：7♣

双方都选择过牌。

河牌：10♣

Garrett Adelstein 过牌，Tom Dwan 下注 60 000 美元。底池达到 157 500 美元。Garrett Adelstein 经过一番思考后选择弃牌。

牌局分析

这手牌的诱因又是 Garrett Adelstein 在关煞位跟注，这使得 Tom Dwan 在庄位的挤压有了更好的回报率（如果 Garrett Adelstein 在关煞位直接 3Bet，很可能最后收下底池的就是他

自己）。

翻牌是个对 Tom Dwan 有利的牌面，而且 Tom Dwan 具有位置优势，所以选择继续下注半池（在 3 人底池中，这是个尺度较大的下注）希望诈唬掉一些 AQ，以及被盖帽子的口袋对子，如 88、99。Menon 如 Tom Dwan 所愿弃掉了 AQ，但 Garrett Adelstein 选择了用中对跟注。

转牌 7♣ 是个对 Garrett Adelstein 有利的牌，Tom Dwan 在 Garrett Adelstein 过牌后也选择了过牌。

河牌 10♣ 让牌面再次变得复杂。Garrett Adelstein 具有更多同花的可能性，但双方都有可能击中坚果同花。Garrett Adelstein 没有选择诈唬，而是过牌给了 Tom Dwan。Tom Dwan 手中的 A♠J♥ 基本没有任何摊牌价值，经过一番思考，Tom Dwan 选择了下注 2/3 底池做诈唬，这个尺度的价值范围基本上代表了坚果同花或者第二大的同花，这让 Garrett Adelstein 陷入困境。这是个典型的在有利位置可能过度诈唬的牌面，因为如果 Tom Dwan 拿到 A♣，如 AQo、AJo，很可能在转牌圈选择继续下注。但对 Garrett Adelstein 来说，他的范围内有太多可以用来跟注的同花组合，A♦6♦ 几乎是最差的可以在河牌圈跟注的组合，不仅没有阻挡对手的价值范围，还阻挡了对手的诈唬组合（这时 Tom Dwan 最主要的诈唬组合就是没有草花的 AQ、AJ）。经过反复思考，Garrett Adelstein 决定弃牌，他不想自己在这手牌中变成一个 100% 跟注的跟注站玩家。

第三章　Tom Dwan 去哪儿了

Tom Dwan 对战 Garrett Adelstein

♟ Tom Dwan 对战 Doug Polk

  Doug Polk 是美国职业扑克玩家。一度被认为是无限注德州扑克单挑项目中最好的现金桌玩家之一。他于 2015 年被选中与人工智能扑克机器人 Claudico 进行无限注德州扑克单挑比赛，并获得了胜利。同年，Doug Polk 与老友，也是职业扑克选手的 Ryan Fee 一起创办了扑克训练网站 Upswing Poker。2017 年 6 月，Doug Polk 击败了 130 名选手，赢得了 WSOP 一滴水高额买入赛冠军。他在 YouTube 上的 *Doug Polk Poker* 是目前最受欢迎的扑克频道之一。

德州扑克 Tom Dwan 经典牌例解析

一点小恩怨的报复

这是一场两位扑克圈顶流之间的对决,在这场牌局发生的前两周,Doug Polk 在 YouTube 自己的频道上刚刚发表了一些对 Tom Dwan 不太友好的评论。在一次历史上最好的 20 位德州扑克玩家的讨论中,Doug Polk 承认 Tom Dwan 非常受欢迎,并表示自己也一度很仰视 Tom Dwan,但是 Tom Dwan 绝对不是历史上最好的玩家。在 Doug Polk 眼中,Tom Dwan 是一个很"弱"的玩家,不擅诈唬,并声称即便是在 Tom Dwan 的巅峰时期,如果去掉 Tom Dwan 在 Guy Laliberté(太阳马戏团老板)一个人身上的巨额盈利,Tom Dwan 在线上高额桌的盈利也只有每 100 手 2BB,远远达不到统治级别(德州扑克线上常规桌游戏中,一般赢率在每 100 手 10BB 以上的牌手才被认为具有统治力)。Doug Polk 最后还补刀道,如果 Tom Dwan 重启之前的"Durrrr 百万美元挑战赛",那么世界上所有顶级扑克玩家都会跃跃欲试。(如果前面的说法还算是一种客观评论的话,那么最后这一句则明显表现出了对 Tom Dwan 的嘲讽。)

牌局进程

翻牌前:Polk 拿着 5♠4♠ 在关煞位加注到 3 000 美元,在小盲位的 Tom Dwan 用 7♥7♣ 3Bet 到 14 000 美元,Polk 跟注。而 Polk 旁边的 Wesley 不小心看到了 Polk 的手牌,并评论道:"我喜欢这手牌。"这也为最后 Tom Dwan 两次长时间思考埋下了伏笔。底池来到了 61 000 美元。

翻牌：2♠ 7♦ K♦

击中暗三条的 Tom Dwan 下注 15 000 美元，Polk 跟注。

转牌：6♥

Tom Dwan 下注 30 000 美元，大约是一半底池。击中了两头顺听牌的 Polk 加注到 115 000 美元。按道理，这时 Tom Dwan 的 77 无论是 3Bet 回击，还是选择跟注慢打，都不是一个艰难的决定，但是坐拥第二大坚果牌的 Tom Dwan 却思考了很长一段时间。等了好几分钟后，Polk 实在受不了了，叫了倒计时。不久之后，Tom Dwan 跟注。

河牌：6♠

Tom Dwan 击中了葫芦，依旧选择过牌慢玩。

现在除了下注诈唬，Polk 已经没有其他可能赢得底池了，他下注 420 000 美元，后手还剩将近 550 000 美元。

Tom Dwan 是不可能弃牌的，他现在只会输给口袋 K 和口袋 6，而对手不太可能拿着这两种牌。Polk 如果拿着 KK，那么大概率会在翻牌前做 4Bet；如果拿着 66，则很可能在翻牌圈就弃牌，且 66 的组合数只剩下一个。但是在决定跟注之前，Tom Dwan 又一次诡异地陷入了长时间思考……经过又一个倒计时，Tom Dwan 谨慎地选择了跟注。

这手牌 Tom Dwan 击中了葫芦，面对 Polk 的下注他却足足思考了几分钟才选择跟注。尽管事后 Tom Dwan 反复解释，自己是在思考要不要全下，但YouTube上的"吃瓜"群众认定Tom Dwan是因为Polk几周前的出言不逊，而故意Slow-Roll（Slow-Roll是指玩家拿着一定会跟注的牌却故意拖延时间，被认为是一种缺乏牌桌礼仪的行为）挑逗他。

牌局分析

作为当代最出色的两位常规桌牌手，这手牌双方都充分展示了自己的扑克智慧。

翻牌2♠7♦K♦是个对Tom Dwan极为有利的牌面。作为翻牌前主动进攻方，Tom Dwan在这时几乎可以全范围下注。面对Tom Dwan的持续下注，Polk的5♠4♠虽然没有击中对子，但在深筹码情况下，Polk仍具有位置优势，并且同时拥有后门同花和顺子听牌，跟注是一个标准的策略。

转牌6♥让整个牌面变得极为有趣。这时Tom Dwan拥有三条，当然需要继续下注，而Polk拿到了后门顺子听牌，也没有弃牌的道理。但Polk没有选择更稳妥的跟注，而是用自己的顺子听牌加注，他很可能是觉得Tom Dwan的范围中存在大量的诈唬牌，如AQ以及同花听牌，并且Tom Dwan的同花听牌面对加注不宜进行4Bet诈唬（毕竟在Polk眼中，Tom Dwan是一个很弱的选手）。

Tom Dwan在这时思考了很久，后来在与好友Galfond的交流中，Tom Dwan谈到自己当时的第一反应是3Bet，但考虑到

Wesley 之前的聊天，说他很喜欢 Polk 手里的牌，显然 Polk 手里不是 KQ 之类的牌，因为很少有人喜欢这种容易在 3Bet 底池中赢小输大的手牌，喜欢 33、66 或 K6s 的人也不会很多，Polk 手中很可能拿着同花连张，而自己拿着 77，阻挡了 Polk 大部分的 76s，所以 Polk 手中的牌更大的可能是 98s 或者 54s 之类的同花连张。考虑到 Polk 很可能会用这些牌在河牌圈破产后继续诈唬，Tom Dwan 在长时间思考后选择了跟注。

河牌 6♠ 使 Tom Dwan 的三条变成了葫芦，并且所有的听牌全部破产，这时 Tom Dwan 依旧选择了标准的全范围过牌。Polk 继续下注，这时 Polk 的范围已经非常极化，不大可能以比 AK 更弱的牌进行价值下注。此时 Tom Dwan 的手牌依然领先于 Polk 大部分的下注范围，如 AA、AK 以及 K6、33 等。如果此时 Tom Dwan 选择全下，他相信 Polk 会弃掉所有 2 对以下的手牌，尽管 33、K6s、76s 以及一部分三条依然可能跟注，但由于翻牌前 Wesley 在聊天中露出了一些马脚，Tom Dwan 犹豫再三后仅仅选择了跟注，毕竟这时 Tom Dwan 还会落后于 66、KK 这两手怪兽牌。

德州扑克 Tom Dwan 经典牌例解析

Tom Dwan 对战 Doug Polk

被剥削的 Tom Dwan

对于捕捉现场马脚，常年混迹于现场高额桌的 Tom Dwan 显然比 Doug Polk 更有经验，但 Polk 在社交平台上的发言也并非信口开河。相比于 Tom Dwan 这种前 Solver 时代的扑克选手，Polk 这种后 Solver 时代的顶级的线上玩家通常更为激进。在下面一手牌中，Polk 就展示了如何剥削一个比自己更弱的玩家。

牌局进程

翻牌前：盲注级别 500/1 000 美元，前注 2 000 美元。

Handz 在枪口位用 Q♦5♦ 开池加注 3 000 美元，Tom Dwan 在小盲位手持 K♣Q♣ 3Bet 到 14 000 美元，Polk 手持 6♥6♦ 4Bet

第三章 Tom Dwan 去哪儿了

到 42 000 美元。Handz 弃牌，Tom Dwan 跟注。

底池为 89 000 美元，双方有效筹码在 600 000 美元左右。

翻牌：8♥5♠5♥

Tom Dwan 过牌，Polk 下注 20 000 美元，Tom Dwan 选择跟注。底池来到 129 000 美元。

转牌：3♣

双方过牌。

河牌：6♠

Tom Dwan 下注 72 000 美元，Polk 加注到 290 000 美元。Tom Dwan 弃牌。

Tom Dwan 对战 Doug Polk

牌局分析

Tom Dwan 在现场比赛中一直有翻牌前过于"松弱"的特征，这一方面来源于 Tom Dwan 对自己翻牌后技术的自信，另一方面是由现场直播的性质所决定的。这类商业性质的直播比赛为了观赏性，一般不欢迎翻牌前过"紧"的玩家。这手牌在翻牌前 Polk 敢于用 6♥6♦ 做 4Bet，本质上就是针对 Tom Dwan 在不利位置 5Bet 不足的一种剥削。

翻牌圈 Doug Polk 继续下注，从下注尺度上来看，这应该是一个全范围的下注，针对的就是 Tom Dwan 手中大量的双高牌。如果 Polk 觉得 Tom Dwan 跟注 4Bet 的手牌以对子为主，他的下注尺度会再大一点。

正如 Polk 所预料的一样，Tom Dwan 拿着 K♣Q♣ 陷入了困境。一方面，1∶4 的底池赔率让 K♣Q♣ 面对 Polk 的一些口袋对子，如 JJ、66 等有着良好的赔率；另一方面，一旦真的发出 K 或者 Q，Tom Dwan 的 K♣Q♣ 就面临着被 Polk 范围中的大对子统治的风险。Tom Dwan 经过一番思考后，选择了跟注。

转牌 3♣ 是一张空气牌，Tom Dwan 依旧选择过牌，而 Polk 也失去了下注的动机。如果 Polk 在这个节点用 6♥6♦ 下注，只会让更大的牌跟注、更小的牌弃牌，毕竟 Tom Dwan 手中大部分的边缘组合会在翻牌圈弃牌。

河牌 6♠ 对牌面的影响看上去依旧有限，但实际上却让 Polk 击中了葫芦。此时 Polk 展现出线上顶级玩家的素质，他并没有主动下注，而是过牌埋伏。显然，即便 Polk 在转牌圈和河牌圈连续示弱，Tom Dwan 的 K 高牌依然不足以靠摊牌收下底池。Tom Dwan 选择下注 60% 底池进行诈唬，正中 Polk 的埋伏，这让 Polk 从 Tom Dwan 手中再多拿到 72 000 美元。

这手牌从翻牌前开始，Polk 就有意针对 Tom Dwan 比较弱的翻牌前风格，成功地通过翻牌圈较小的下注尺度留下了 Tom Dwan 范围中最弱的那部分组合，并且在河牌圈成功设下陷阱，诱使 Tom Dwan 做出了不该有的诈唬。报了之前被 Slow-Roll 的一箭之仇，也证明了自己在网上所说的绝非信口开河。

Tom Dwan 对战 Jake Daniels

Jake Daniels，美国职业扑克选手，擅长现场锦标赛，整个职业生涯截至 2024 年获得的总奖金为 3 157 476 美元。Jake Daniels 是后 Solver 时代崛起的一名锦标赛选手，相比老一代的扑克玩家，新时代的 GTO 牌手风格更为激进，且普遍更为平衡。

这是一场发生在 2021 年 8 月的电视直播常规桌游戏。除 Tom Dwan 之外，还有 Scott Seiver 和 Jesse Sylvia 这样的强悍玩家。

牌局进程

翻牌前：盲注级别 200/400 美元。

在这手牌中，Tom Dwan（后手筹码约 57 000 美元）用 10♣9♠ 加注至 1 200 美元，但被大盲位的 Jake Daniels（后手筹码 70 000 美元）用 8♦5♥ 跟注。

翻牌：2♦9♦7♥

Jake Daniels 过牌，Tom Dwan 下注 1 800 美元，Jake Daniels 加注到 6 700 美元，Tom Dwan 选择跟注。

转牌：4♠

Jake Daniels 继续下注 10 300 美元，Tom Dwan 依旧选择跟注。

河牌：Q♣

Jake Daniels 全下，Tom Dwan 思考了几分钟后跟注并获胜。

牌局分析

翻牌圈 Tom Dwan 击中顶对后继续下注，遭到了 Jake Daniels 的加注。与老一代玩家极化的过牌加注范围不同，Jake Daniels 这时的加注包括了两对、任意一对，以及同花、顺子听牌等所有可能的组合。面对这样一个融合的范围，Tom Dwan 的顶对选择了跟注。

转牌 4♠ 是一张空气牌，Jake Daniels 继续下注，代表他趋于极化的范围。Tom Dwan 考虑到自己的手牌依旧可以战胜 Jake Daniels 大部分的诈唬牌，并且自己具有位置优势，所以选择了跟注。随着 Jake Daniels 在河牌圈全下，Jake Daniels 的价值范围基本上代表了两对以上的牌，诈唬组合则以破产的同花或者顺子听牌为主。

　　需要注意的是，这是个看似普通却有些特殊的牌面。一般来说，在低张非连接的牌面下，大盲位玩家会拥有所有的暗三条和两对组合，但在 9♦ 2♦ 7♥ 这个牌面下，Jake Daniels 实际上缺少了一部分坚果组合。一方面，Jake Daniels 的一部分 99、77 可能会在翻牌圈选择 3Bet；另一方面，Jake Daniels 的 72 大部分时候不会选择跟注。这在无形中减少了 Jake Daniels 过牌加注范围内坚果牌的比例。此外，Jake Daniels 如果想完美平衡自己的诈唬组合，需要在河牌圈下注一定比例的 QX。而在实战中，Jake Daniels 拿着 Q5s 这类买花击中顶对的组合可能不会选择全下，从而进一步降低了自己全下范围内的价值比例。

　　此时 Tom Dwan 范围内大多数牌都变成了一手彻底的抓诈牌，如 TT、JJ、A9 等，但相比于 TT、JJ 这类可以用来抓诈的牌，Tom Dwan 手中的 10♣ 9♠ 既没有阻挡对手破产的同花听牌，同时又阻挡了对手的一部分价值组合，如 99、Q9、97，是一手完美的抓诈牌。Tom Dwan 经过一番梳理后，感觉到对手的诈唬范围比他的价值范围宽得多，果断用 10♣ 9♠ 跟注并获胜。

Tom Dwan 对战 Bellande

Jean-Robert F. Bellande，美国职业扑克玩家、商人，获得 2018 年 WSOP 5 000 美元买入的无限注德州扑克比赛亚军。

牌局进程

盲注级别 400/800 美元，前注 800 美元。

翻牌前：Ji 在枪口位用 5♥2♥ 在抓位投入 1 600 美元盲注。Bellande 在枪口位 +1 位拿着 6♠5♠ 加注到 4 000 美元，Tom Dwan 在小盲位用 7♣5♣ 3Bet 到 17 000 美元。Ji 弃牌，Bellande 跟注。底池：37 200 美元。

翻牌：10♦ 6♦ 3♥

Tom Dwan 下注 25 000 美元，Bellande 跟注。底池来到了 87 200 美元。

转牌：8♠

Tom Dwan 继续下注 168 000 美元，Bellande 弃牌。底池达到 255 300 美元。

第三章 Tom Dwan 去哪儿了

Tom Dwan 对战 Bellande

牌局分析

这是一手最大化剥削松弱玩家的典型牌例。GTO 时代的玩家由于进行过长时间的 GTO 策略训练，往往会本能地采取最小化剥削的策略。但对于前 GTO 时代的玩家来说，最大化剥削才是德州扑克的精髓。

当我们知道一个人在河牌圈会过度弃牌时，通常的剥削策略是在河牌圈过度诈唬，但实际上，这种做法并不能最大化我们的 EV。如果我们知道一个人在河牌圈会过度弃牌，那么我们从翻牌圈开始，就需要尽量提高自己的诈唬比例，这样我们的手牌组合在河牌圈能进行更多的诈唬。由于对手的过度弃牌会让我们手中的诈唬组合拿到更多的 EV，我们就可以通过这种激进的做法最大化地剥削对手。

Tom Dwan 对战 Salomon

Salomon，美国高额桌扑克玩家，以场外的情感花边新闻闻名。作为一个爱搞事情的玩家，Salomon 在牌桌上遇到扑克圈顶流 Tom Dwan 时，自然不会轻易放过露脸的机会。他的运气还不错，多次在遇到 Tom Dwan 时击中一些不可思议的大牌。

这手牌来自 2020 年《高额德州》第八季。

牌局进程

翻牌前：盲注级别 400/800 美元，有效筹码大约为 450BB。Tom Dwan 手持 A♥K♠ 在枪口位加注到 2 500 美元，Salomon 手持 J♣8♣ 在小盲位跟注，Steven 手持 4♥4♦ 在大盲位跟注。底池为 8 300 美元。

翻牌：K♣ 5♣ 10♠

Tom Dwan 继续下注约 2/3 底池（5 500 美元）。Salomon 跟注，Steven 弃牌。此时底池有 19 300 美元。

转牌：J♠

Tom Dwan 继续下注约 2/3 底池（13 000 美元）。Salomon 依旧选择跟注。此时底池有 45 300 美元。

河牌：8♠

Tom Dwan 下注约 1/3 底池（15 000 美元）。Salomon 幸运地击中了两对，赢下了 75 300 美元的底池。

牌局分析

虽然 Salomon 幸运地在河牌圈击中了两对，但总体来说，Salomon 这手牌的发挥实在糟糕。

翻牌前 Salomon 在小盲位用 J♣8♣ 跟注了 Tom Dwan 在枪口位的加注，这让他自己不得不在最不利的位置用一手边缘牌应对两个极为强悍的玩家。

翻牌 Salomon 虽然击中了同花听牌，但由于自己的位置不利，在这个对 Tom Dwan 更为有利的牌面下，Salomon 除了跟注别无选择。

转牌 Salomon 击中了一个对子，这让他的手牌看上去有些增强。但实际上面对 Tom Dwan 的持续下注，Salomon 的手牌依然只是纯粹的抓鸡牌。

河牌 Salomon 击中了两对，但这也是他最尴尬的时候，对手范围内依然有很多组合要强于自己，面对 Tom Dwan 约 1/3 底池的下注，Salomon 甚至不敢过牌加注，他感觉自己的两对依然落后于 Tom Dwan 范围内的很多价值组合。但实际上，Tom Dwan 范围内大部分顶部范围，如 AQ、JJ、KJ 并不会选择 1/3 底池的下注尺度，而是 AA、AK、KQ 这类顶对。要知道，并不是每次跟注两条街都能获得理想的河牌。在德州扑克的世界里，当该多赢的时候少赢，就相当于输。

其实，Salomon 在与 Tom Dwan 的对战中有过不少露脸的机会，但可惜都未能把握住，比如接下来的这手牌。

牌局进程

翻牌前：盲注级别 400/800 美元，前注 800 美元。

Bellande 在枪口位（抓位）用 A♥Q♥ 投入 1 600 美元盲注。Salomon 在劫持位拿着 10♠9♠ 加注 5 000 美元，Tom Dwan 在庄位用 A♠Q♣ 3Bet 到 18 000 美元，其余两位玩家跟注。底池：56 000 美元。

翻牌：Q♦ 10♦ 10♥

前面两家过牌，Tom Dwan 在庄位下注 21 000 美元，Bellande 跟注，Salomon 加注到 63 000 美元，Tom Dwan 跟注，Bellande 弃牌。底池：203 000 美元。

转牌：2♦

Salomon 没有选择继续进攻，而 Tom Dwan 也在随后过牌。底池依旧为 203 000 美元。

河牌：10♣

击中四条的 Salomon 在前位继续过牌，而 Tom Dwan 在思考后也选择过牌。

第三章 Tom Dwan 去哪儿了

Tom Dwan 对战 Salomon

牌局分析

当遇到 Tom Dwan 时，Salomon 击中四条应该怎样做？他很显然做出了一个错误的示范。

这是一次多人底池的战斗。翻牌圈 Salomon 击中三条选择过牌加注，Tom Dwan 拿着顶对顶踢脚跟注，看上去 Tom Dwan 又要面临被冤家牌惩罚的窘境。

转牌是一张 2♦，这让双方范围内的听花组合形成了同花。此时 Salomon 手里的 10♠9♠ 大概率依然是领先的，如果继续下注依然可以从 Tom Dwan 范围内的一部分带有 A♦ 和 K♦ 的组合中获得价值，例如 AA、KK、AK、AQ、KQ。但如果下注之后被加注，他就会陷入尴尬的境地。经过一番思考，Salomon 选择了过牌。考虑到这是一个多人底池，Salomon 在翻牌圈过牌加注诈唬的可能性不大，Tom Dwan 随后也选择了过牌。

河牌 10♣ 让牌面变得更为有趣，此时同花已经不再重要。Salomon 拿到了四条，他可以选择前位主动下注，向 Tom Dwan 手牌组合中的 AA、KK 以及一部分 QX 收取价值，也可以选择过牌，期待 Tom Dwan 用 KJ 之类的组合诈唬，或者期待 Tom Dwan 用 AA、KK、QQ 下注后加注收取价值。经过一番思考，Salomon 再次设下陷阱，但遗憾的是 Tom Dwan 并没有上当。最终，尽管 Salomon 拿到了冤家牌，但失去了一次在镜头前清台职业选手的机会。

然而，当该多赢的机会没抓住时，该少输的可不一定会少输。如果一直拿着同花连着在不利位置跟注别人的 3Bet，并不是每次都可以击中四条的，更多的时候是拿着一手边缘牌支付了一个巨大的底池。

例如接下来的这手牌。

牌局进程

翻牌前：盲注级别 400/800 美元，前 800 美元。

Salomon 在劫持位用 5♥4♥ 加注到 3 000 美元，Tom Dwan 在庄位拿着 10♠9♦ 3Bet 到 13 000 美元，Salomon 跟注。底池：28 000 美元。

翻牌：7♣ 10♦ 4♠

Salomon 过牌，Tom Dwan 下注 16 000 美元，Salomon 跟注。底池：60 000 美元。

转牌：Q♦

两位玩家都过牌。底池依旧为 60 000 美元。

河牌：7♦

Salomon 下注 10 000 美元，Tom Dwan 跟注。底池最终定格在 80 000 美元。

牌局分析

这手牌翻牌前 Salomon 再次用同花连牌在不利位置跟注了 Tom Dwan 的 3Bet。翻牌是 3 张低牌，Salomon 用低对跟注了 Tom Dwan 半个底池的持续下注。转牌圈 Tom Dwan 选择了过牌。河牌 7♦ 显然击中了 Salomon 的范围，但 1/6 底池的下注显得没有道理。也许以 Salomon 的视角来看，由于 Tom Dwan 在转牌圈过牌，Tom Dwan 的范围主要是一些 AK 之类的高牌。但实际上，考虑到 Salomon 跟注 3Bet 的范围内有大量同花连牌，这类高牌 Tom Dwan 大概率会选择连续下注 3 条街，以期望最大化对手的弃牌率。而 Tom Dwan 在转牌圈主要的过牌范围应该是一些可以摊牌的对子，例如 87s、T9s 等。显然 Salomon 在这时错误地估计了 Tom Dwan 的范围，从而做出了这个看上去有些滑稽的小尺度下注。

德州扑克 Tom Dwan 经典牌例解析

Tom Dwan 对战 Salomon

Tom Dwan 对战 Brandon Steven

Brandon Steven 是一位美国著名的商人，其商业版图涵盖汽车、健康、体育等多个行业，并且是北美冰球联赛威奇托雷霆队的老板。作为一名成功的商人，Brandon 在德州扑克上也非常自负，一向不愿服输的 Brandon 每次遇到职业选手都难以克制一较高下的欲望。很显然，Brandon 不差钱，他上牌桌的目的只是为了证明自己。

牌局进程

翻牌前： 6 人桌，盲注级别 400/800 美元，前注 200 美元。

Brandon 在枪口位 +1 位用 K♠4♠ 加注到 2 400 美元，Tom

第三章　Tom Dwan 去哪儿了

Dwan 在庄位用 9♦ 5♦ 跟注，Bryn Kenney 在大盲位持 10♥ 7♠ 捍卫大盲（不弃牌继续游戏）。底池：8 400 美元。

翻牌：A♦ 5♣ 4♦

Bryn Kenney 过牌，Brandon 用低对下注 5 000 美元，Tom Dwan 用中对加同花听牌再加注到 18 000 美元。Bryn Kenney 弃牌，Brandon 跟注。底池：44 400 美元。

转牌：9♣

对 Tom Dwan 来说这是一张很好的牌，因为这张牌让他除同花抽牌之外，还有两对。Brandon 过牌，Tom Dwan 下注 2/3 底池。

看起来 Brandon 会弃牌，但他要求 Tom Dwan 给出下注的具体数额后再次加注到 87 000 美元。这使得 Brandon 看起来牌力真的很强。Tom Dwan 思考了近一分钟后宣布"全下"。Brandon 只能无奈地弃牌，Tom Dwan 轻松获得了 358 500 美元的巨额底池。

牌局分析

Brandon 用 K♠ 4♠ 开池，这显然是一个很松的加注。Tom Dwan 在有利位置拿到了 9♦ 5♦，按道理这是一手"秒弃"的牌，但每一个职业牌手都不愿意放弃与 Brandon 对局的机会，Tom Dwan 犹豫了一下。这时他可以选择跟注，但如果遭到其他牌手的挤压，就只能放弃。他也可以选择 3Bet，但他了解 Brandon，考虑到 Brandon 的顽强，他大概率不会轻易地弃牌给自己。权衡之后,他决定利用自己的位置和技术优势与 Brandon 缠斗。

翻牌 Tom Dwan 击中了一个对子,同时带有同花听牌。当你拿着 9♦5♦ 跟注入池,可以说没有比这个翻牌更好的牌了。Brandon 一如既往地表现出强势,在前位下注了接近 2/3 底池。考虑到 Brandon 的开池加注几乎可以是任意两张,Tom Dwan 果断选择了加注,毕竟 Brandon 的任意两张对 Tom Dwan 也有着不低于 6 张出牌的胜率。如果 Brandon 真的有 A,Tom Dwan 手牌的胜率也不惧怕对手的再加注。Brandon 虽然只是击中了低对,但显然他不愿意轻易放弃,何况他知道 Tom Dwan 很可能在针对自己。

转牌 9♣ 进一步增强了 Tom Dwan 的牌力。此时 Tom Dwan 几乎确定自己是领先的,果断下注了 2/3 底池。对 Brandon 来说,再加注似乎没有意义,但他依然觉得 Tom Dwan 可能在诈唬。也许是为了印证自己的猜想,Brandon 选择了再加注。按道理 Brandon 的再加注代表了他有很强的范围,Tom Dwan 的中间两对已经变成了一手抓诈的组合,但对手是疯狂的 Brandon,Tom Dwan 经过一番思考后决定全下。也许 Brandon 终于得到了自己想印证的答案,他自言自语地说道:"你是不可能诈唬的。"然后把他的手牌弃掉了。

第三章　Tom Dwan 去哪儿了

♣ Tom Dwan 对战 Peter　冤家路窄

牌局进程

翻牌前：这手牌从 Peter 开始，他在枪口位拿着 10♠ 10♥ 加注到 4 000 美元。Steve 在劫持位拿着 A♦ J♦ 跟注，Tom Dwan 在庄位拿着 9♥ 4♥ 也跟注，Hook 则在大盲位用 7♦ 5♠ 跟注。4 人一起看翻牌。

翻牌：4♦ 4♠ 6♦

4 位玩家都命中了部分牌。

在 Hook 过牌（他的顺子听牌）后，Peter 用超对下注 8 000 美元。Steve 有最大同花听牌，不打算弃牌，但 Tom Dwan 用三条大幅加注到 36 000 美元，这使得 Hook 弃牌，但其他两位玩家都想要看转牌。

转牌：10♣

这张特别残酷的牌让 Peter 凑成了葫芦。然而，Tom Dwan 此时没有理由相信他的三条不够大，因此他下注 76 000 美元。Peter 选择慢打他的第二大牌力，只是选择跟注，而持有最大同花听牌的玩家弃牌。

河牌：2♥

这基本上可以被认作一张空气牌，Peter 过牌，Tom Dwan 下注 167 000 美元。

这时对 Peter 来说，最标准的动作应该是过牌全下。此时 Tom Dwan 还剩下 465 000 美元，Peter 选择将下注加到 425 000 美元，而没有选择全下。Tom Dwan 也意识到自己的三条已经变成了一手边缘的抓鸡牌，经过长时间思考，Tom Dwan 找不到弃牌的理由，跟注了 258 000 美元，却发现自己在一个 1 129 000 美元的底池中遭遇了坏运气。

Tom Dwan 对战 Peter

牌局分析

这是一手脏牌（没有延展性的牌）被惩罚的典型牌例，无论从哪种角度考虑，用 9♥ 4♥ 在庄位跟注都不是一个可取的行为。尽管 Tom Dwan 在翻牌后并没有犯下过于严重的错误，从范围的角度分析，Tom Dwan 在翻牌圈的加注范围包括三条、对子、同花听牌、顺子听牌，以及一些带后门听牌的随机诈唬，但在被两家跟注后，Tom Dwan 在转牌圈的继续下注已经代表了他的牌处在极化的范围内，要么是三条，要么是纯粹的诈唬牌。面对这样极化的范围，Peter 这时没有加注的理由，而跟注的范围主要有超对、同花听牌以及 TT、A4s 在内的怪兽牌。河牌的出现并没有改变双方的权益分布，Peter 在河牌圈依然在前位全范围过牌。

而 Tom Dwan 也依然需要用自己的三条继续下注。面对 Peter 的再加注，Tom Dwan 已经意识到了自己的三条可能不再是领先的，即便是世界上最好的玩家，也很难在河牌圈过牌加注的节点拥有足够的诈唬频率，但这并不意味着 Tom Dwan 要弃牌所有的三条，然而翻牌前过于宽泛的跟注范围让他面临着非常艰难的抉择。即便是 Tom Dwan，在遇到困难的抉择时，不可能每一次都做对决策。

Tom Dwan 对战 Leonard Adams　9
高牌跟注的极限抓诈

这是 Tom Dwan 在复出之后最匪夷所思的一场经典对战，地点在 Hustler Casino。对手是后来被指控诈骗等多项罪名的美国百万富翁 Leonard Adams。

牌局进程

翻牌前：盲注级别 200/400/400 美元，各玩家的平均筹码量为 200BB。

Tom Dwan 在庄位以 9♠8♥ 加注到 1 200 美元，Krish 在大盲位用 5♦5♣ 跟注，Adams 用 10♥3♦ 跟注。

翻牌：T♠6♦2♣

Krish 过牌，Adams 下注 2 500 美元，有卡顺听牌的 Tom Dwan 跟注，Krish 弃牌。这时，Adams 做了件不寻常的事：他提前下注了 4 000 美元，也就是在转牌翻开之前。这种情况在华人的老板局里很常见，但在美国的 Casino 里并不经常出现。

转牌：A♥

Adams 已提前下注，Tom Dwan 思考后选择用卡顺再次跟注。

河牌：10♦

Adams 再次下注，这次是 6 000 美元。Tom Dwan 思考几分钟后，用 9♠8♥ 做出了匪夷所思的跟注。当时现场的评论员们都惊呆了。在看到对手的三条后，Tom Dwan 把自己的牌扔在了牌堆里。

牌局分析

显然这是两个彼此已经有一定了解的人之间的对局。此时，

第三章　Tom Dwan 去哪儿了

两人已经在同一张牌桌上战斗了好几天，Tom Dwan 对他的对手掌握了足够多的信息。

就翻牌前范围而言，如果 Adams 拿着 10♥3♦ 跟注，就意味着跟注几乎 90% 的范围，包括但不限于 43o、53o、54o、87o、97o 等各种通常不会出现在玩家范围内的手牌。显然，Tom Dwan 认为这些卡顺组合都在 Adams 反主动下注的范围内。当然 Adams 的反主动下注范围里也有对子，例如 TX、6X 及 33、44 这类起手口袋对子，但占比并不高。Tom Dwan 这时可以选择加注，但考虑到身后还有一位没有行动的对手，他最后选择了跟注。

Adams 在转牌发出前提前下注的行为进一步降低了他持有弱成牌的可能性。一般来说只有听牌和暗三条这类怪兽牌才完全不在乎出牌是什么，考虑到 Adams 不到河牌心不死的性格，Tom Dwan 在有利位置选择了跟注。

河牌的 10♦ 进一步降低了 Adams 范围里有 10 的可能性，而其他可以摊牌的对子在河牌圈转诈唬可能性也不大。考虑到 Adams 在河牌圈下注的尺度，Tom Dwan 这时需要跟注接近 80% 的手牌范围。就底池赔率而言，底池为跟注提供了大约 4∶1 的赔率。很显然 Tom Dwan 需要跟注几乎所有的对子，甚至一些 K 高牌，例如 KQ、KJ。此时手里的 9♠8♥ 虽然阻挡了对手很多的诈唬牌，但依旧领先对手的 43o、53o、54o、87o、97o 这些组合。虽然这时跟注看起来有些疯狂，但作为一个职业玩家，最重要的是要对自己的判断有自信心，即便失败了也无所畏惧。就像扑克圈里的一句名言："如果你每次诈唬都成功，那么就意味着你一定是诈唬不足；如果你每次抓诈都成功，那么就意味着你一定是过度弃牌。"

亮相传奇百万慈善赛

除了高额现金桌，复出后的 Tom Dwan 还参加了包括 WSOP 在内的多场现场锦标赛。接下来这手对决来自在扑克历史上最大买入的锦标赛——传奇百万慈善赛，对手是华裔玩家 Tsang。

牌局进程

翻牌前：盲注级别 1 500/3 000/3 000 美元。

玩家筹码量：Tom Dwan 961 000 美元，Vivek Rajkumar 1 000 000 美元，Elton Tsang 822 000 美元。

Tom Dwan 在庄位用 Q♠ Q♦ 率先加注到 8 000 美元。小盲位的 Rajkumar 拿着 8♦ 7♦ 3Bet 到 35 000 美元，Tsang 在大盲位用 A♦ K♥ 4Bet 到 100 000 美元，Tom Dwan 跟注，Rajkumar 也跟注。

翻牌：9♦ 2♥ J♦

3 位玩家都过牌。底池：303 000 美元。

转牌：4♦

Rajkumar 下注 210 000 美元，Tsang 弃牌，Tom Dwan 跟注。底池来到了 723 000 美元。

河牌：A♠

Rajkumar 下注 350 000 美元，Tom Dwan 弃牌。

牌局分析

Tom Dwan 在翻牌前率先用 Q♠Q♦ 加注。考虑到整体开池范围比较松，Rajkumar 选择在小盲位用同花连牌 3Bet，而 Tsang 用接近他范围顶部的 AK 也进行了标准的 4Bet。拿着 Q♠Q♦ 的 Tom Dwan 现在面临一些抉择。不同于现金桌游戏，锦标赛的筹码规则对 Tom Dwan 在这个位置上的决定起着重要作用。Tom Dwan 需要考虑以下问题：首先是牌桌上的筹码 EV，其次是奖金的分配比例、比赛现阶段是否可以重复买入，甚至像这样的比赛多久举行一次等各种因素。如果是在 WSOP 主赛事这样的锦标赛中，即使拿着口袋 K，也并不意味着一定要全下。与 WSOP 主赛事一样，这场慈善赛是不能重复买入的。Tom Dwan 权衡之后选择了跟注。

翻牌很有意思，对 Tom Dwan 和 Rajkumar 来说都还不错，胜率几乎相同。而 Tsang 虽然没有击中牌，仍然有很多方法可以通过两张高牌和后门抽牌来赢得这手牌。此时的 SPR 已经很低，Rajkumar 过牌，Tsang 没有选择下注。Tom Dwan 在庄位拿着一手强牌，面对两位对手的过牌，他现在要选择是过牌还是下注。如果选择下注，Tom Dwan 要回答自己几个问题：自己的 QQ 能从 AJ、KJ 和 QJ，或者 TT、88 这样的牌中获得价值吗？换句话说，Rajkumar 可能有像 AJ 和 KJ 或 QJ 这样的手牌吗？Tsang 会在翻牌前用 AJ 这样的牌 4Bet，然后在翻牌圈过牌吗？此外，Tom Dwan 还要考虑到 Tsang 的 AA、KK 或者 JJ 是否会选择慢打。综合考虑后，Tom Dwan 选择过牌。

转牌出现同花，Rajkumar 在前位主动下注 2/3 底池，Tsang 弃牌。轮到 Tom Dwan 做决策了，Rajkumar 在后面还有两位玩家的情况下下注，显然范围不会很弱，至少有一张 A♦ 的同花听牌，然而 Tom Dwan 口袋 Q 阻断了一些同花组合，而他仍有可以对抗 Rajkumar 大部分范围的同花补牌，所以选择了跟注。

河牌 A♠ 是 Tom Dwan 最不想看到的牌之一，如果 Rajkumar 在转牌圈用 AK 这样的牌诈唬，那么现在他打败了 Tom Dwan。Rajkumar 范围中唯一的诈唬牌可能是 QTs 这样的非方片牌。这是一个非常窄的诈唬范围，考虑到这是一场不可以重复买入的比赛，Tom Dwan 选择了弃牌。

第三章 Tom Dwan 去哪儿了

依旧没能如愿的 WSOP 之战

对比现金桌，Tom Dwan 的现场锦标赛战绩并不算出色，至今为止并未拿到过 WSOP 金手链。尽管 Tom Dwan 曾经 5 次进入决赛桌，但最好的战绩是在 2010 年 1 500 美元买入的无限注德州扑克比赛中拿到亚军。Tom Dwan 在 2011 年时曾表示他非常渴望得到金手链，但对比常规桌的技术水平，Tom Dwan 的锦标赛水平严格意义上来说并不是 S 级（最高级）的，许多锦标赛职业牌手曾经下注赌他赢不到金手链，其中包括 Daniel Negreanu、Mike "The Mouth" Matusow、Sorel Mizzi、Eli Elezra 和 Huck。如果 Tom Dwan 真能赢得金手链的话，可以从他们手里赢得 900 万到 1 200 万美元，但可惜 Tom Dwan 至今没能如愿。

2024 年，Tom Dwan 复出之后第一次参加 WSOP 主赛事，他在 Day2 报名结束前踩点，现身这场有史以来最大的主赛事，就立刻成为赛会焦点。但 Tom Dwan 在 Day3 晚餐休息前就意外地深码出局，令不少粉丝感到些许失望。

下面是 Tom Dwan 在这场主赛事被淘汰的一手牌，Tom Dwan 所在的牌桌当天被选为直播桌。刚开始时他的筹码量一直向着好的方向发展，直到有几个底池没能如他所愿。当比赛进行到第 13 级时，盲注级别 2 000/4 000/4 000 个筹码，Tom Dwan 面前有 311 500 个筹码，在同桌的 9 个选手中，筹码量排名第三位。

牌局进程

翻牌前：Tom Dwan 在前面位置拿着 K♠5♠ 率先加注到 10 000 个，Brian Atchison 用 A♠A♦ 3Bet 到 25 000 个，其余玩家弃牌，Tom Dwan 跟注。底池：45 000 个。

翻牌：10♠ J♠ 3♦

Tom Dwan 过牌，Atchison 下注 55 000 个，Tom Dwan 跟注。

转牌：5♦

击中了底对的 Tom Dwan 过牌，Atchison 继续下注 110 000 个。在思考了近 1 分钟后，Tom Dwan 全下他剩余的 231 000 个，对手迅速跟注。

两人胜率三七开。河牌没有照顾 Tom Dwan。

牌局分析

这手牌 Tom Dwan 在翻牌前用 K♠5♠ 跟注对手的 3Bet 显然有些太过随意了，而运气也没有站在 Tom Dwan 这边。在接受采访时，Tom Dwan 承认如今金手链对他已经没有那么重要了。显然澳门高额现金桌的比赛让 WSOP 的奖金显得有些鸡肋，毕竟主赛事的买入金额可能只是高额现金桌的一个盲注，也许早点被淘汰，多出一天时间打高额现金桌对 Tom Dwan 来说，获利反而更高。在本书写作时（2024 年），WSOP 还在继续，Tom Dwan 说他计划"第二天参加 10 000 美元的比赛，还可能参加

25 000美元、50 000美元的比赛",他在主赛事期间"有更重要的事情要做"。也祝愿Tom Dwan能够尽早拿到人生中的第一条金手链。

第四章

扑朔迷离的经历

Tom Dwan 破产了吗

"Tom Dwan 破产了吗？"

这是在中文德州扑克互联网圈里常年最火爆的帖子之一。

由于"黑色星期五"事件的出现，大部分线上扑克玩家的扑克资金受到了不同程度的损失，而 Tom Dwan 作为全速扑克的明星牌手，没有人知道 Tom Dwan 在这个"黑天鹅"事件中究竟损失了多少。尽管全速扑克被收购，让 Tom Dwan 失去了巨额的赞助费，但一开始并没有人怀疑 Tom Dwan 的资金实力。然而随着"Durrrr 百万美元挑战赛"的无限期推迟，越来越多的人开始怀疑 Tom Dwan 的资金似乎出现了问题。

很长时间以来，关于 Tom Dwan 的债务问题有各种传闻，但一直都没有明确的说法。

2024 年年初，Tom Dwan 的债务问题再度成为扑克圈的热点。2024 年 2 月，职业牌手 Peter Jetten，也是 Tom Dwan 曾经的好友向扑克界爆料，Tom Dwan 不愿偿还其欠自己的债务。

Jetten 与 Tom Dwan 的分歧可以追溯到 Tom Dwan 在高额奖金锦标赛中为 Jetten 投资时，Ike Haxton 也为 Jetten 投资。遗憾的是，Jetten 的最佳成绩似乎是在他们没有参与投资的赛事中取得的，那次的奖金高达 160 万美元。

然而，在另一笔交易中，Jetten 声称 Tom Dwan 欠他将近 25 万美元，并拒绝偿还。最终，Tom Dwan 支付了大约 3 万美元，但他一直在抵制偿还剩余债务，并声称对方才是欠钱的人。

到底谁欠谁多少，许多细节让很多人感到困惑，但 Jetten 试图澄清他实际上是一个赢了很多钱的玩家。Jetten 补充说：在我们的交易过程中，我玩扑克净赚了几百万美元。让 Tom Dwan 影响你对任何事情的看法都是错误的。

不久后，Tom Dwan 终于同意仲裁，此时 Tom Dwan 的债务已降至 9.6 万美元，Jetten 高兴地在推特上发布了他认为是好消息的消息。关于仲裁过程和结果的细节尚不清楚，目前仅限于 Jetten 声称他赢了，并暗示 Tom Dwan 因此通过托管程序偿还了欠款。

正当大家因为 Tom Dwan 的债务风波告一段落之时，Doug Polk 在 Reddit 上做了一次 AMA（Ask Me Anything，直译为"问我任何问题"，指节目中的问答环节），并发帖称，由于 Tom Dwan 欠了很多人的钱，总金额可能达到 3 000 万美元，他预计未来不会再见到 Tom Dwan。

Polk 说："也许那些欠款数额较大的人，才是你真正想要确保他们还钱的人。"如果这个数字看起来有些夸张，那么请记住，多年来，Tom Dwan 一直在澳门玩高额常规桌游戏，游戏级别高达盲注 10 000/20 000 美元，甚至更高，奖金达到 1 000 万~2 000 万美元也不是没有过，显然 Tom Dwan 的资金不足以支撑这个级别,"Tom Dwan 应该是得到了 Paul Phua 的支持"。

此外,前 NBA 达拉斯独行侠的前定量研究和开发主管 Voulgaris 也在社交媒体上对 Tom Dwan 发难,他说 Tom Dwan 在之前的体育博彩交易中欠了他一笔钱,原因是两人曾约定合作,Tom Dwan 用自己的账户代理 Voulgaris 下注一些体育比赛,但在盈利之后 Tom Dwan 却拒绝支付 Voulgaris 下注的部分本金及盈利。

Tom Dwan 的回应是:"那件事中 Voulgaris 有很多虚假陈述、谎言和遗漏。如果只是一两个,我可以说没关系,随便你,这是一个超级愚蠢的举动。但有一大堆呢。"

然而,当接二连三的债主们在互联网上揭露 Tom Dwan 的债务问题时,Cates 是少数几个表示支持他的老对手之一。Cates 在社交媒体上发文表示:"关于 @Tom Dwan 的闹剧,我意识到事实上他确实打算偿还债务,并且为此不懈努力。我认为他犯了很多错误,也发生了一些糟糕的事情。但我认为重要的是,要关注最互惠互利的结果。"

关于 Tom Dwan 债务的真实情况可能我们永远无法知晓,但债主们突然发难却并非空穴来风,进入 2023 年之后,Tom Dwan 在一些高额现金局中的表现非常随意。很显然,Tom Dwan 并没有完全认真对待这些动辄上百万美元的底池,这难免会让一些债主,尤其是一些小债主们感到不满。

以下面这手牌为例,没有人知道 Tom Dwan 脑子里当时究竟在想些什么，这手牌 Tom Dwan 的对手是日本美女牌手 Sashimi。

牌局进程

翻牌前：盲注级别 200/400 美元，前注 400 美元。

Sashimi 在劫持位用 K♠K♦ 开池加注 2 200 美元，Tom Dwan 在庄位用 10♥6♦ 3Bet 到 6 000 美元，Sashimi 4Bet 到 13 000 美元，Tom Dwan 选择跟注。底池来到 20 000 美元。

翻牌：K♥6♠9♦

Sashimi 击中顶三条，下了一个 4 000 美元的小注，Tom Dwan 击中了一对，选择跟注。底池为 31 000 美元。这时两人其实都已经套池，所以可以猜到接下来势必会打到全下。

转牌：8♠

这张牌给了 Tom Dwan 买顺的机会，胜率从 2% 提升到 8%。Sashimi 再下 23 900 美元直接打对方后手，Tom Dwan 开始陷入挣扎，这时能走得掉吗？

一旁的 Peter 好奇地看了下 Tom Dwan 的手牌，表情一脸懵，仿佛是在说："兄弟，你这啥烂牌啊！跟注人家 4Bet 底池，赶紧扔了吧！"但不知道为什么，思考许久后 Tom Dwan 还是跟注了。

两次河牌：Q♥、8♣

Sashimi 收下了 82 800 美元底池，而 Tom Dwan 皱了皱眉头，

可能连他都不知道自己到底在玩什么。

牌局分析

其实复出后的 Tom Dwan 已经不止一次在直播桌上做出这类松散的跟注，这很大一部分原因是迫于一些社交方面的压力。众所周知，德州扑克市场是个极度分散的市场，即便如 WSOP 以及 WPT 这类德州扑克最重要的比赛，在亚太地区其受关注度和影响力也十分有限。

一个职业德州扑克牌手如果想要获得最大化的经济利益，不仅要有着顶尖的扑克水平，自身的社交能力也极为重要。Tom Dwan 曾经不止一次表示过，亚太地区存在着大量高额私人局，这类私人局的玩家一般由演艺明星、企业家和一些博彩相关从业者组成，一旦一个职业牌手获得这类比赛的入场券，通常就意味着一条鲨鱼进入了鱼塘，而这些职业牌手为了长期留在这类鱼塘中，往往会主动做出一些比较随意的行为，来取悦和迎合牌局的组织者，或者玩家池中影响力最大的输家，毕竟没有人喜欢自己的家里有一条"沉默的鲨鱼"。像 Tom Dwan 这类声名卓著的职业牌手，如果想融入分散在世界各地的"鱼塘"，往往要在人情世故方面付出比旁人更多的代价。

用 Tom Dwan 自己在接受采访时的话说，但凡有人的地方就有纷争。人们必须明白任何圈子都有那点人情世故。多米诺骨牌效应是会发生的，承诺也会随之而来。有些人想要某些东西，而有些人想要相反的东西。我必须迎合很多人和一些选手的需求，如果我不迎合他们，就会产生多米诺骨牌效应。我必须做对比赛有利的事情。

Tuchman 曾经和 Tom Dwan 谈论过越来越多的职业牌手转向更多高额私人局的倾向。"一些职业玩家谴责这类行为是不公平的，认为它已经变成了一种排他性行为？"Tuchman 询问道。Tom Dwan 明确回答说："在这个世界上，你认识的人和你的牌桌技术一样重要。我知道一些人可能会反对，但那都是屁话。"在 Tom Dwan 看来，行业试图取悦职业玩家的结果就是疏远了业余玩家，结果就是"你得到的是越来越多的私人游戏。""我不太喜欢这样，但这就是一种后果。如果你不花大量时间思考商人和娱乐人士想要什么，那么就会有人为此设立一种私人游戏。"

的确，随着 Solver 解算器的普及，娱乐玩家想要战胜职业玩家变得越来越困难，线上高额常规局的"枯竭"就是一个证明。但矛盾的是，德州扑克本质上和其他竞技运动一样，是一项需要肌肉记忆的竞技游戏。即便是职业牌手，一旦习惯了某些"鱼塘"的环境，往往也会不自觉地把在"鱼塘"里的坏习惯带到其他职业赛场中，就像这些年足球俱乐部里的大巴黎（巴黎圣日耳曼足球俱乐部），即便拥有顶级的球员和教练，但长期在法国足球甲级联赛这个低水平"鱼塘"中打鱼，突然进入欧洲冠军联赛这类更专业的联赛中，往往也很难发挥出自己真实的水平。这可能也是 Tom Dwan 给人感觉越来越"鱼"的原因。

Tom Dwan 个人简介

全名：Tom Dwan（汤姆·德万），中文互联网上人们喜欢把他叫作"毒王"。

线上 ID：durrrr。

出生日期：1986 年 7 月 30 日。

国籍：美国。

学历：Tom Dwan 原本在波士顿大学进修英文，但为了专注于扑克事业，他选择了辍学。

职业：职业扑克玩家。

定居地：拉斯维加斯（但经常征战海外，特别是在澳门）。

主要成就

全速扑克百万美元现金赛中总奖金纪录的保持者，获得奖金约 110 万美元。

《深夜扑克》比赛第四季、第五季、第六季与第七季：国家单挑扑克锦标赛冠军。

GSN 高额扑克赛第五季和第六季：冠军。

WSOP：进入钱圈 10 次，进入决赛桌 5 次，共赢得 778 297 美元奖金。

WPT：2 次进入钱圈，2 次进入决赛桌，共赢得 508 914 美元奖金。

EPT（欧洲扑克巡回赛）：1次进入钱圈，赢得12 398美元奖金。

2014年2月10日APPT8百万澳元扑克锦标赛：250澳元无限注德州扑克赛第6名，奖金446 700美元。

2012年4月10日PartyPoker超级联赛V：主赛事第6名，奖金80 000美元

2011年6月23日第42届世界职业扑克大赛：10 000美元H.O.R.S.E.锦标赛第5名，奖金134 480美元。

2011年6月3日第42届世界职业扑克大赛：25 000美元无限注德州扑克单挑赛第9名，奖金67 436美元。

2010年6月3日第41届世界职业扑克大赛：赛事11-1 500美元无限注德州扑克赛第2名，奖金381 885美元。

2009年3月8日NBC本地单挑冠军赛：第9名，奖金25 000美元。

2008年11月30日2008PartyPoker超级联赛Ⅲ：无限注德州扑克决赛桌第4名，奖金50 000美元。

2008年11月29日PartyPoker超级联赛Ⅲ：H11第3名，奖金8 000美元。

2008年11月27日PartyPoker超级联赛Ⅲ：H7第1名，奖金20 000美元。

2008年11月26日PartyPoker超级联赛Ⅲ：H6第3名，奖金8 000美元。

2008 年 11 月 25 日 PartyPoker 超级联赛Ⅲ：H4 第 5 名，奖金 4 000 美元。

2008 年 11 月 24 日 PartyPoker 超级联赛Ⅲ：H2 第 2 名，奖金 12 000 美元。

2008 年 6 月 11 日第 39 届世界职业扑克大赛：赛事 18-无限注 2-7DrawLowball（可重购）第 8 名，奖金 45 110 美元。

2008 年 6 月 6 日第 39 届世界职业扑克大赛：赛事 8-世界锦标赛混合赛第 8 名，奖金 54 144 美元。

2008 年 4 月 26 日 WPT 五星级世界扑克经典赛：赛事 15-无限注德州扑克锦标赛第 9 名，奖金 184 670 美元。

2008 年 1 月 25 日 2008WPT 百佳塔冬季公开赛：5 000 美元无限注德州扑克赛第 2 名，奖金 226 100 美元。

2008 年 1 月 11 日百万澳元扑克锦标赛：限注奥马哈赛事 7 第 2 名，奖金 90 716 美元。

2007 年 11 月 13 日 WPT：无限注德州扑克锦标赛第 4 名，奖金 324 244 美元。

2007 年 9 月 23 日全速扑克周日加赛（SM）：第 4 名，奖金 4 669 美元。

2006 年 9 月 30 日 WCOOP2006：赛事 16 第 2 名，奖金 152 425 美元。

2005 年 9 月 11 日 WCOOP2005：赛事 7 第 8 名，奖金 13 627 美元。

生意与代言

早在2009年11月，Tom Dwan就与全速扑克（Full Tilt Poker，线上扑克网站）签约，成为全速扑克战队的一员。双方的合作持续了将近3年，他于2012年10月离开了全速扑克。2017年后，Tom Dwan与多个亚洲平台签约，成为其形象代言人。

此外，Tom Dwan参与过Paul Phua开设的扑克学校，制作了几个视频，在里面讨论新手易落入的陷阱、下注、过分激进等问题及德州扑克国际发展趋势。

兴趣爱好和个人生活

Tom Dwan的个人生活一直是个谜，因为他在有意保密。但有一点可以肯定，Tom Dwan并不是一个一门心思扑在德州扑克上的人。

"我喜欢打扑克。我知道很多人说他们喜欢打扑克，我不确定他们是不是都喜欢，但我绝对不爱扑克。"Tom Dwan在接受采访时曾经表示，"我从来没真正想过，我觉得这里面确实有一些有趣的事情。如果我一个月没玩了，玩几天还是很有趣的；如果我坐在那里，连续一周每天苦练12~15小时，我真的不太想玩到第16个小时。"

从社交网络上来看，Tom Dwan对政治好像有点兴趣，至少从他的推特来看，他经常会谈及特朗普和他的管理、维基解密、俄罗斯、国际关系和其他同期的政治问题。不过 Tom Dwan 的社交账号大部分已经停止更新，他最后一次在脸书上发帖是在 2012 年 4 月，对推特的描述是"我偶尔使用推特"。

  Tom Dwan 曾经对一些媒体表达过对加密货币的兴趣。"过去两三年，我花了很多时间在加密货币上。我认为这种趋势很有可能持续下去。我只是认为那里的机会相当多，我发现其中有些东西更有价值。它不是零和博弈，而且它与扑克有很多重叠之处。"

结　语

如果你想了解一个真正的德州扑克职业玩家是如何形成的，没有人比 Tom Dwan 更有代表性。这个从前 GTO 时代出发，经历线上扑克的繁荣，同时在后 GTO 时代依然活跃在第一线的扑克传奇人物，符合大多数人对"赌王"的想象。

很多人觉得德州扑克在中国被污名化了，其实，即便是在德州扑克的发源地美国，没有多少德州扑克牌手的故事是真正阳光励志的，就像几乎没有一个中国家庭会鼓励自己的子女去成为一名麻将高手，在欧美也几乎没有一个德州扑克玩家是被定向培养的。这个世界上不存在一条"流水线"式的德州扑克职业牌手成长之路。

德州扑克中被称为"职业牌手"的大多数人只是"幸存者偏差"，不同的人出于兴趣、社交、生计等各种不同的原因走进这个游戏，随后被游戏分成胜利者和失败者。在一段时间后，命运的齿轮开始转动，一部分失败者离开了这个游戏，而被命运选中的胜利者在休息片刻后，马上就会迎来新的竞争者，永不停歇。

著名职业牌手 Colman 曾经说"德州扑克是个黑暗的游戏"，这个比喻一时间引起很大的争议。其实德州扑克职业牌手就像韩

德州扑克 Tom Dwan 经典牌例解析

剧《鱿鱼游戏》里参与大逃杀的人，在参与之前，没有人知道游戏的全局如何，获胜的人需要在一次次跌倒试错中领先其他人发现这个游戏的规律，直至进入下一关才能感到片刻的安宁。

　　随着这些年的推广以及解算器和 AI 人工智能的出现，德州扑克的游戏环境也在不断地进化改变，传统的单挑，9 人制游戏逐渐被高前注、8 到 6 人制游戏所取代，而短牌（一种拿掉 2 至 5，只剩下 36 张扑克牌的德州扑克变种游戏）、鱿鱼游戏（英文名为 Stand Up Game。在线下比赛中，所有人都站着，玩家赢得底池后可以坐下。最后站立的玩家必须向牌桌上的其他玩家支付奖金）等诸多德州扑克变种游戏也在慢慢兴起。Tom Dwan 的扑克生涯，从 SNG 到现场高额常规桌，再到现在的短牌、鱿鱼游戏，尽管中间数次狼狈不堪，甚至被怀疑破产，但他始终活跃在德州扑克发展变化的第一线（Tom Dwan 是众所周知的短牌高手），这一点是无论如何值得被尊重的。期望 Tom Dwan 能像韩剧《鱿鱼游戏》里的主人公一样，最终扫除所有的障碍，在"黑暗"的环境里成为真正励志的"光"。

附录 A　德州扑克常见术语

1. 概念术语

All In 全下

Advanced 高级的

Aggressor 主动进攻方

Alpha 描述诈唬所需要的成功率的一种指标

Ante 前注

Average Fold（%）平均弃牌率（%）

Best Hands 最好的手牌，一般指可以被当作坚果牌的手牌

Bet 下注

Bet Size 下注尺度

Blocker 阻挡牌

Bluff 诈唬

Bluff-Catcher 抓诈牌

Board 公共牌

Bucket 权益桶

Chip-EV 单纯以筹码计算的期望值

Check 过牌

Call 跟注

Check-Rasie 过牌加注

Combo 手牌组合

Defender 防守者

Donk（Lead）反主动下注（领先下注），在翻牌、转牌、河牌圈均可实施

Effective Stack 有效筹码

Expected Value（EV）期望值

Equity 底池权益 / 胜率

Equity Realization 权益实现 / 胜率实现

Equity Graph 权益分布图

Flop 翻牌

Fold 弃牌

Good Hands 好的手牌，一般指底池权益较高，但又不是坚果牌的手牌

GTO 博弈理论最优

附录 A　德州扑克常见术语

Gutshot 顺子听牌

Hands 手牌

ICM 德州扑克锦标赛中使用的一个概念，用于确定每个筹码相对于锦标赛奖池的价值

In Position（IP）有利位置

Limp 溜入

Merge 融合 / 混合范围（也就是线性范围）

MTT 多桌锦标赛

Multiway Pot 多人底池

Nuts 坚果牌

Out Of Position（OOP）不利位置

Open Raise 开池加注

Post-Flop 翻牌后

Player 玩家

Pot 底池

Pot Odds 底池赔率

Pre-Flop 翻牌前

Range 范围

Rake 抽水

Raise 加注

River 河牌

Second Pair 第二大的对子

Semi-Bluff 半诈唬

Set 暗三条

SNG 单桌锦标赛

SRP 筹码底池比

Stack 筹码量

Stack Depth 筹码深度

Third Pair 第三大的对子

Top Pair 顶对

Trash Hands 垃圾牌，指底池权益非常小，不可能靠摊牌获胜的手牌

Turn 转牌

Win Rate 赢率

Weak Hands 弱的手牌，一般指底池权益较小，但又有一定摊牌价值的手牌

2. 位置术语

UTG 枪口位置

HJ 劫持位置

CO 关煞位置

BTN 庄位（按钮位）

SB 小盲位置

BB 大盲位置